50 CONSEJOS
PARA EL **EVANGELISMO**

Formas Prácticas de Mejorar al Compartir Tu Fe

R. LARRY MOYER

Título del original: *101 Tips for Evangelism: Practical Ways to Enhance Your Witness,* © 2025 por R. Larry Moyer y publicado por EvanTell Inc., Dallas Texas 75370

Segunda edición en castellano: *50 Consejos Para el Evangelismo: Formas Prácticas de Mejorar al Compartir Tu Fe,* © 2025 por R. Larry Moyer y publicado por EvanTell Inc., Dallas Texas 75370

Todos los derechos reservados. Ninguna parte de este libro puede ser reproducida, almacenada en un sistema, o transmitida en cualquier forma o por cualquier medio electrónico, mecánico, fotocopia, grabación, o de otra manera, sin el permiso por escrito del editor, con excepción de las citas breves en las revisiones impresas o reseñas.

A menos que se indique lo contrario, todas las citas bíblicas han sido tomada de la versión *Reina-Valera 1960,* © Socidades Bíblicas Unidas. Todos los derechos reservados.

Diseño de la portada: Holly Morrison, Adaptación: Larissa Gaitan
Diseño interior: Shaylana Casey, Adaptación: Larissa Gaitan
Traducción: Djery Flores y Edwin Pérez
Revisión y edición: Olivia Mejía

Publicado por EvanTell Inc.
P.O. Box 703929
Dallas, Texas 75370.

ISBN: 979-8-9889750-9-0

Impreso en los Estados Unidos de América
Printed in the United States of America

DEDICADO A
El personal de EvanTell

Sólo la eternidad revelará cuán grandemente Dios ha usado su ética de trabajo, actitud de servicio, espíritu de equipo y amor por los demás para impactar a los no creyentes.

Contenido

COMENCEMOS

#1 15
EL EVANGELISMO SIEMPRE EMPIEZA POR LA OBEDIENCIA.

#2 17
EL MENSAJE BÍBLICO ES LO QUE MÁS IMPORTA EN EL EVANGELISMO.

#3 19
SI TIENES O NO EL DON DEL EVANGELISMO ESE NO ES EL TEMA.

#4 21
ESTAR ENAMORADO DE JESÚS HACE UNA GRAN DIFERENCIA.

#5 23
DESARROLLA UN REPERTORIO DE PREGUNTAS.

#6 25
TU PERSONALIDAD PUEDE SER UNA FORTALEZA EN EL EVANGELISMO.

#7 27
CUALQUIERA QUE SEA TU DON ESPIRITUAL, PUEDE SER UTILIZADO PARA ALCANZAR A LOS NO CREYENTES.

#8 29
NO TIENES QUE CONOCER TODA LA BIBLIA PARA EVANGELIZAR, SOLO EL EVANGELIO.

#9 31
EL CRECIMIENTO EN GRACIA Y EL CONOCIMIENTO TE AYUDARÁ EN EL EVANGELISMO.

#10 33
UNA ACTICTUD ADECUADA TE CONVIERTE EN UNA PERSONA AGRADABLE PARA ESCUCHAR.

#11 35
PARA SER CONSISTENTE EN EL EVANGELISMO, DEBES DOMINAR UN MÉTODO.

#12. 37
"MENOS ES MÁS" CUANDO SE TRATA DE COMPARTIR LAS ESCRITURAS CON LOS NO CREYENTES.

#13. 39
SEA CREATIVO CON SUS MÉTODOS, NO CON SU MENSAJE.

#14. 41
DESARROLLAR LA CAPACIDAD DE TU MENTE PARA PENSAR Y APRENDER, MEJORA TU EVANGELISMO.

#15. 43
EL HECHO DE QUE EL MURIÓ POR NOSOTROS ES LA ESENCIA DEL EVANGELIO.

#16. 45
LOS CONTACTOS CONDUCEN A LAS CONVERSACIONES Y LAS CONVERSACIONES CONDUCEN A LAS CONVERSIONES.

#17. 47
LA CONDICIÓN FÍSICA PUEDE AFECTAR TU EVANGELISMO MÁS DE LO QUE CREES.

#18. 49
DECIR UNA ORACIÓN NO SALVA.

#19. 51
LOS NO CREYENTES DEBEN ENTENDER QUE CUANDO DIOS DICE QUE LA VIDA ES ETERNA REALMENTE LO ES.

#20 53
SIEMPRE REGRESA AL HECHO INNEGABLE DE LA RESURRECCIÓN DE CRISTO.

#21. 55
NO SIEMPRE TIENES QUE SABER LO QUE CREE UN MIEMBRO DE UNA SECTA.

HAY QUE RECONOCER QUE EL EVANGELISMO ES OBRA DE DIOS

#22. 59
LA SOBERANÍA DE DIOS BIEN ENTENDIDA DEBE CONFORTARTE EN EL EVANGELISMO.

#23 61
CONSTANTEMENTE PÍDELE A DIOS OPORTUNIDADES PARA COMPARTIR EL EVANGELIO.

#24 63
ENTENDER Y VER A DIOS COMO UNA PERSONA, NO COMO TEOLOGÍA, HACE LA DIFERENCIA.

#25 65
DIOS NO SIEMPRE SE AJUSTA A UN PATRÓN DETERMINADO.

#26 67
DIOS USA LA CREACIÓN PARA GRITAR SU PRESENCIA.

#27. 69
ALGUNAS CITAS ESTÁN DIVINAMENTE ORGANIZADAS PARA DARTE LA OPORTUNIDAD PARA EL EVANGELIO.

#28 71
INTERPRETAR LAS ESCRITURAS CON PRECISIÓN Y CUIDADO.

#29 73
NO CARGUES LAS PUERTAS CERRADAS SOBRE TU HOMBRO.

#30 75
ASEGÚRATE QUE DIOS SIEMPRESE LLEVE EL MÉRITO.

#31 77
SI ESTÁS ORANDO POR LA SALVACIÓN DE ALGUIEN, ESPERA QUE SUCEDA.

#32 79
DIOS PUEDE USARTE CUANDO NO ESTÁS VIVIENDO PARA ÉL, PERO PUEDE USARTE MÁS CUANDO LO HACES.

#33 81
A DIOS LE AGRADA CUANDO LE CUENTAS LAS LUCHAS QUE TIENES CON ÉL.

PREPARA TU CORAZÓN PARA COMPARTIR EL EVANGELIO

#34 85
TU ACTITUD, NO TU CAPACIDAD DE DISCUTIR, ES LO QUE LOGRA MÁS.

#35 87
CONOCE CÓMO RESPONDER CUANDO SATANÁS TE INTIMIDA.

#36 89
UNA ACTITUD DEFENSIVA TE IMPEDIRÁ SER UN MEJOR TESTIGO.

#37 91
TUS ERRORES PASADOS NO NECESITAN DETENERTE EN EL EVANGELISMO.

#38 93
ES FUNDAMENTAL SABER MANEJAR LAS TENTACIONES AL EVANGELIZAR.

#39 95
CONFRONTA A SATANÁS EN EL EVANGELISMO; NO HUYAS DE ÉL.

#40 97
SABER CÓMO MANEJAR CUALQUIER LUCHA ACERCA DE TU PROPIA SALVACIÓN ES FUNDAMENTAL PARA EVANGELIZAR.

#41 99
VIVIR UNA VIDA ADECUADA ANTE LOS NO CREYENTES NO ES SUFICIENTE.

#42 . . . .**101**
LA CAPACIDAD DE ESCUCHAR ES MÁS IMPORTANTE QUE LA CAPACIDAD DE HABLAR.

#43 . . . .**103**
APRENDE DE OTROS QUE HAN DESARROLLADO HABILIDADES QUE PODRÍAN SER ÚTILES PARA TI.

#44 . . . .**105**
LAS PERSONAS IMPORTAN MUCHO MÁS QUE LAS POSESIONES.

#45 . . . .**107**
LO QUE MÁS NECESITA TU ENEMIGO DE TI SON LAS BUENAS NOTICIAS DEL EVANGELIO.

#46 . . . .**109**
INVIERTA FINANCIERAMENTE EN EL EVANGELISMO, LUEGO DEJE QUE SU CORAZÓN SIGA A SU DINERO.

#47 . . . .**111**
HAGA UNA LISTA DE LO QUE SATANÁS PODRÍA USAR PARA DESTRUIR SU TESTIMONIO.

#48 . . . .**113**
IMITA A CRISTO A TRAVÉS DE TUS CONTACTOS Y COMPASIÓN.

#49 . . . .**115**
FUERA DE CRISTO, LOS NO CREYENTES NO TIENEN NADA.

#50 . . . .**117**
COMPARTIR LAS BUENAS NUEVAS, ES UNA DE LAS MEJORES MANERAS DE CUMPLIR CON LA OBLIGACIÓN DE AMAR.

INTRODUCCIÓN

No hay nada en la tierra que prefiera hacer que evangelizar. Dios, en su bondad misericordiosa, me ha permitido presentar el evangelio a cientos de miles de personas durante los últimos cuarenta y tantos años.

Al hacerlo, bajo la guía de Dios, he aprendido consejos a través de las Escrituras y la experiencia. Puedo decir sinceramente que Dios los ha usado para hacerme un evangelista más eficaz. En el camino, a menudo he pensado: "¡Guau! Ojalá hubiera aprendido eso antes". Pero Dios sabe lo que está haciendo y, en su propio tiempo, me ha permitido aprender y crecer.

Espero que al compartir estos consejos contigo, tu amor por los no creyentes se incremente y su deseo de alcanzarlos aumente. Si eso sucede, este libro valdrá todo el tiempo y el esfuerzo. Sobre todo, gracias por cultivar un corazón para las personas que necesitan escuchar el mensaje más grande de todos: *Cristo murió por nuestros pecados y resucito de la muerte.*

R. Larry Moyer

COMENCEMOS

#1

EL EVANGELISMO SIEMPRE EMPIEZA POR LA OBEDIENCIA.

Primero lo Primero

Es muy común, ¿No? ¿Cuántas veces has escuchado esta frase? Puede referirse a describir la agenda o actividades para el fin de semana. Puede ser utilizado incluso para el plan de cinco años que se tiene en tu trabajo o para el plan de cinco días que tienes para tus vacaciones. Primero lo primero.

En ningún otro ámbito es esto más cierto que en el área del evangelismo. Con el punto de partida correcto, dejas que los temores y las inseguridades te impidan cumplir la Gran Comisión (Mateo 28:19-20). ¿Cuántas veces has escuchado tú mismo los siguientes comentarios en evangelismo?

- "Me gustaría saber cómo llevar una conversación hacia temas espirituales. Eso me ayudaría mucho en la evangelización".
- "Tengo mucho miedo. Si pudiera lidiar con el rechazo, evangelizaría más".
- Una vez que aprenda a responder preguntas y objeciones cómo estas, sé que seré más consistente en el evangelismo".
- "Voy a estudiar lo que dice el Nuevo Testamento acerca del evangelismo. Creo que eso aumentará mi preocupación por los no creyentes".
- "Voy a pasar más tiempo en oración antes de evangelizar. Creo que eso me ayudará mucho".

Todo esto es apropiado. Aprender a llevar las conversaciones a temas espirituales es una buena habilidad que se debe desarrollar. Superar el miedo en lugar de dejar que te domine marcará una diferencia en el evangelismo. Aprender a responder preguntas y objeciones te dará más confianza para hablar con los no creyentes. Todo creyente se beneficia al saber lo que dice el Nuevo Testamento, pero eso nunca debe ser un obstáculo para el evangelismo. La oración es una parte esencial del evangelismo eficaz, pero incluso la oración debe ir acompañada de obediencia.

Sin embargo, ninguno de estos argumentos es el punto de partida. El punto de partida es la obediencia. Después de todo, es ahí donde Cristo comenzó con los discípulos. En Lucas 5, después de una noche de pesca infructuosa, Él les dijo: "Remen mar adentro y echad vuestras redes para pescar" (v. 4). Pedro respondió: "Maestro, hemos trabajado toda la noche y no hemos pescado nada; sin embargo, en tu palabra echaré la red" (v. 5). Aunque toda la noche no habían pescado nada, estaban decididos a hacer lo que Jesús les dijera. Después de recoger una carga que rompió la red y hundió el bote, Cristo dejó clara su lección. Él dijo: "No tengan miedo. Desde ahora serán pescadores de hombres" (v. 10). Quería enseñarles la obediencia al hacer lo que Él decía que hicieran, sin importar la adversidad que prevaleciera. Todo comienza no con saber cómo hacerlo o con entrenamiento, sino con obediencia.

Has todo lo que puedas para aprender y crecer en el evangelismo, pero ten cuidado de poner primero lo primero: la obediencia.

#2

EL MENSAJE BÍBLICO ES LO QUE MÁS IMPORTA EN EL EVANGELISMO.

¿Cuál es tu Mensaje?

Dos de mis profesores en el seminario impactaron mi vida al mencionar ambos lo mismo. Por supuesto, usaron palabras diferentes, pero el mensaje era el mismo. Nunca he olvidado lo que decían: Siempre hay que preguntarse, "Si fueras el diablo, ¿Cómo lo harías?"

Satanás está teniendo un apogeo en la iglesia. Está distrayendo a las iglesias con mensajes y con preguntas sobre los métodos. Las iglesias te preguntan: "¿Cómo puedes llegar a las personas de la generación actual?" Una iglesia utiliza fragmentos de películas para captar la atención de las personas. Otra enfatiza en un ambiente tranquilo y reverente de un estilo más tradicional. Otra enfatiza más en el uso creativo de la tecnología moderna. Si bien ninguno de estos enfoques es incorrecto en sí mismo, tu primera y principal preocupación es el mensaje para los no creyentes. Los métodos no importan. Pueden ser atractivos para atraer a las personas a la iglesia, pero si el mensaje no es el correcto, la gente no vendrá a Dios.

Algunas iglesias con la buena intención de alcanzar a los no creyentes tratan de hacer que el cristianismo parezca atractivo, presentando un enfoque equivocado y falsas expectativas de lo que significa convertirse en cristiano. "Ven a Cristo. Él cambiará tu matrimonio". "Con Él puedes experimentar la prosperidad, no la pobreza". "¿Cansado y solo? ¡Él cambiará todo eso!" "Cansado de ser egoísta". Ven a Cristo. Él te hará desinteresado.

Desafortunadamente, ese no es el mensaje. El apóstol Pablo dijo en el libro 2 de Corintios 5:20: "Así que, somos embajadores en nombre de Cristo, como si Dios rogase por medio de nosotros; os rogamos en nombre de Cristo: Reconciliaos con Dios". Si Cristo caminara sobre la faz de la tierra hoy, su mensaje sería la reconciliación. La reconciliación también debería ser el centro de tu mensaje. Dios ha tomado a aquellos que son tus enemigos y ha hecho posible que seas su amigo. El mensaje que tienes para los no creyentes es que todos somos pecadores, Cristo murió como nuestro sustituto y resucitó, y a través de la confianza personal solo en Él, puedes disfrutar de su regalo gratuito de la vida eterna. Dios tiene compasión de todas tus heridas y eventualmente te sanará, sino es ahora, entonces cuando Cristo regrese, pero la soledad o los matrimonios rotos no son el tema central del evangelio. Es tu destino eterno.

Si las personas no entienden ese mensaje, los métodos no importan. Los métodos pueden llevar a las personas a la iglesia, pero sólo el mensaje los lleva a Dios. Comienzas con la pregunta: "¿Qué le estas diciendo a los no creyentes?" Si el mensaje no es correcto, cualquier medio de comunicación que estas usando no servirá de nada. Recuerda el mensaje bíblico es lo que más importa en el evangelismo.

#3

SI TIENES O NO EL DON DEL EVANGELISMO ESE NO ES EL TEMA.

Todos son Responsables, Algunos Tienen el Don

Cuando se te presenta la oportunidad de evangelizar, algunos creyentes protestan: "Pero yo no tengo el don de evangelismo". Debido a que no tienen el don espiritual del evangelismo, postergan la expectativa de evangelizar. No hablan a los no creyentes acerca de Cristo. Tu falta de comprensión de los dones espirituales en comparación con la responsabilidad cristiana se convierte en tu excusa.

Sí, muchos tienen una habilidad particular dada por Dios para evangelizar. Efesios 4:11 dice: "Y él mismo constituyó a unos apóstoles, a otros profetas, a otros evangelistas, a otros pastores y maestros". Bíblicamente definido, el don del evangelismo es la habilidad de comunicar el evangelio a los pecadores y equipar a los santos para hacer lo mismo. Tiene un lado de alcance (dirigido a los no creyentes) y un lado de equipamiento (dirigido a los creyentes).

Entiende también que la Biblia habla del evangelismo como una responsabilidad de todos los creyentes. Una vez que confiamos en Cristo como nuestro único Salvador, Dios te invita a ser su discípulo y a seguirlo. Discípulo significa aprendiz. ¿Qué fue lo primero que Jesús enseñó a sus discípulos? La Evangelización. En Mateo 4:19 Él dijo: "Venid en pos de mí, y os haré pescadores de hombres". El evangelismo es ante todo un asunto de discipulado. Si como creyente vas a seguir a Cristo y aprender lo que Él tiene para enseñarte, debes involucrarte de alguna manera en el evangelismo.

Podrías decir. "Pero no sé qué decir ni que hacer", ¡Ánimo! Los discípulos de aquel tiempo tampoco lo sabían. Pero fíjate bien en las palabras de Cristo. "Síganme y los haré pescadores de hombres" (énfasis mío). Jesús mismo promete enseñarte personalmente todo lo que necesitas saber. Él te enseñara. Los primeros discípulos no sabían absolutamente nada acerca de presentar a otros a Cristo, pero Él les enseñó y ellos aprendieron. No eran pescadores de hombres; se convirtieron en pescadores de hombres.

Aunque algunos cristianos tienen una habilidad especial, todos tienen una responsabilidad. No confundas las dos cosas. Si no tienes el don, anímate. Dios puede usarte y te va a usar como un discípulo en uno de los mayores privilegios de la vida: presentar a otros a Cristo. No permitas que "El No tengo el don" te detenga. Creyentes que no poseen el don del evangelismo han llevado multitudes a Cristo. Si tienes el don, piensa en la ayuda que puedes ser para aquellos que no tienen la habilidad que Dios te ha dado. Los que tienen un don a menudo son de gran ayuda para los que no lo tienen.

#4

ESTAR ENAMORADO DE JESÚS HACE UNA GRAN DIFERENCIA.

Cuando Amas a Alguien

Un amigo le hizo una buena pregunta a su hijo adolescente que tenía una mentalidad muy espiritual. Hizo que el hijo hiciera una pausa antes de responder. La pregunta era: "Sé que quieres a Jesús, pero ¿Estás enamorado de Él?"

Este es un buen consejo para ti, especialmente cuando piensas en términos de evangelismo. Si amamos genuinamente a Dios, tu principal deseo es agradarle y obedecerle: "Si me amáis, guardad mis mandamientos" (Juan 14:15).

Algunos pueden argumentar que no hay ningún mandato en la Biblia para evangelizar. Esto es cierto. El evangelismo se asume más de lo que se afirma. La actitud inherente a lo que las Escrituras enseñan parece ser: "¿Por qué no le contarías a otros acerca de Él?" Incluso lo que comúnmente se conoce como la Gran Comisión en Mateo 28:18-20 es en realidad un mandato para hacer discípulos. Sin embargo, entiendes que primero debes compartir las buenas nuevas para luego hacer discípulos. Así que el evangelismo es esencial para la Gran Comisión.

Pero retrocede un poco. Una de las declaraciones más claras en la Biblia que define el propósito de la venida de Cristo es Lucas 19:10: "Porque el Hijo del Hombre vino a buscar y a salvar lo que se había perdido". Acercarse al corazón de Cristo es ser impactado por su amor por los no creyentes. Es imposible amar al Señor sin amar a los no creyentes. Cuando amas a alguien, suceden muchas cosas, incluido el deseo de acercarte al compartir su preocupación y cargas. Cuando más amas a Cristo, más agobiado estarás para alcanzar a las personas que Él ama, aquellos que no le han conocido y no tienen idea de a quién se están perdiendo conocer.

Amar a Jesús incluso elimina la preocupación acerca de cómo alguien puede responderte. Considera a un esposo que está enamorado de su esposa y viceversa. Cómo se sienten los demás acerca del cónyuge es irrelevante. Un esposo quiere que sus amigos sepan lo que siente por su esposa y cuán agradecido está por ella. Después de todo, ella es de quien él está enamorado. Él insiste con sus amigos: "Realmente necesitan conocerla". Cuando estas enamorado de Cristo, tienes los mismos resultados. Puede que ellos no sientan lo mismo por Él como tú, pero necesitan conocerlo.

Todos los cristianos quieren a Jesús, pero siempre debe ir más allá de eso. Enamórate de Él. Querrás que todos los que conoces lo conozcan.

#5

DESARROLLA UN REPERTORIO DE PREGUNTAS.

Preguntas Útiles

Cualquier persona con experiencia en el evangelismo te dirá que las preguntas son tremendamente útiles para hablar con los no creyentes. Llaman su atención, provocan el pensamiento e invitan a la interacción. Pero una pregunta no es suficiente. Dado que estás tratando con una variedad de personas, necesitas una variedad de preguntas.

Recorre tu camino a través del Evangelio de Juan, así como del libro de los Hechos, y observa la variedad de preguntas que se usan para presentar al Salvador a las personas. A la mujer samaritana de Juan 4 que vino a sacar agua, Cristo le hizo una petición muy simple: "Dame de beber" (v. 7). En el idioma original, es una petición educada: "Si quisieras, ¿Podría beber?" Entonces le llevó del agua del pozo que no podía saciar, Él le dio agua de la que no volverá a tener sed.

Al ciego ya sensibilizado por las cosas espirituales, Cristo usó una pregunta muy directa: "¿Crees tú en el Hijo de Dios?" (Juan 9:35). Del mismo modo, ¿Qué mejor pregunta podría haber hecho Felipe a un hombre ya comprometido en el estudio de las Escrituras: "¿Entiendes lo que lees?" (Hechos 8:30).

Hay dos cosas que caracterizan las preguntas que se usan a lo largo de las Escrituras para entablar una conversación evangelística: La primera es de sentido común, y segunda es que despierta interés y curiosidad para profundizar.

¿De dónde surgen estas preguntas? De la experiencia. Pronto tu conocimiento o repertorio de una persona se llena de preguntas efectivas. No todas las preguntas se adaptan a todas las situaciones, pero una de varias podrías usar para un contexto en particular.

La pregunta: "¿Alguna vez alguien ha tomado una Biblia y te ha mostrado cómo puedes saber con certeza que vas a ir al cielo?" Es efectiva para cualquiera que haya indicado un interés en las cosas espirituales. Una pregunta que se puede usar con una amplia variedad de personas para profundizar en asuntos espirituales es: "Si hubiera una pregunta que pudieras hacerle a Dios, ¿Cuál sería?" Una pregunta que genera una discusión general es: "¿Por qué crees que los problemas del mundo parecen estar empeorando en lugar de mejorar?" Esa discusión puede permitirte hablar con ellos sobre quien tiene la solución de los problemas, Jesucristo. Si alguien expresa una amplia variedad de intereses, pero nada espiritual, pregúntale: "¿Estás interesado en cosas espirituales?" Si estás hablando con alguien que se refiere al fallecimiento de un ser querido, una buena pregunta es: "En tu opinión, ¿Qué sucede después de la muerte?"

Puedes seguir añadiendo más preguntas a tu recopilación. ¿Quién sabe cuál será la próxima pregunta que te resulte útil?

#6

TU PERSONALIDAD PUEDE SER UNA FORTALEZA EN EL EVANGELISMO.

La Personalidad es un Plus

Eres único en tu clase. En el Salmo 139:14 la Biblia dice: "Te alabaré; porque formidables, maravillosas son tus obras; Estoy maravillado, Y mi alma lo sabe muy bien". Dios te creó de la manera que Él quería que fueras. Tú eres su obra.

Eso incluye tu personalidad, que, si se usa adecuadamente, puede ser un beneficio en el evangelismo. Puedes ayudar a animar a aquellos que difieren de su personalidad.

Por ejemplo, a las personas a las que se les describe con personalidades "coléricas" a menudo se describe como personas que "Toman las riendas".

Quieren hacerlo todo. En las conversaciones con los no creyentes, no se alteran fácilmente. Dejan de lado con facilidad los comentarios, o incluso las burlas, que frenan a los demás. Los conflictos no les molestan.

Desafortunadamente, a veces puedes tener poca paciencia con las personas que tienen miedo a la evangelización o que se desaniman debido a un comentario humillante hecho por un no creyente. Sin embargo, si esa persona puede entender en que se diferencia de los demás, y viceversa, su personalidad puede convertirse en un estímulo para los demás. Dado que no se desanima fácilmente por los conflictos, puede ayudar a otros creyentes a entender cómo manejar el ridículo y el rechazo.

Alternativamente, aquellos con personalidad "Sanguínea" suelen describirse como personas "Sociables". Son el alma de la fiesta. Algunas personas que conozco son muy felices conociendo gente nueva cada día. Les encanta conocer más personas, cuantas más mejor.

Cuando esa personalidad va acompañada de un corazón por los no creyentes, les resulta bastante fácil entablar conversaciones de profundidad que les permiten pasar a las cosas espirituales y, en última instancia, al Evangelio. A veces, los no creyentes incluso se sienten atraídos por ellos porque perciben lo mucho que disfrutan de las personas.

Sin embargo, pueden llegar a criticar a otros que podrían sentarse frente a una computadora todo el día y nunca hablar con nadie. Intencionalmente o no, pueden criticar a otros por no preocuparse por las personas o incluso por estar ensimismados. Si, por el contrario, reconocen la fuerza de su personalidad, pueden ser de gran ayuda para enseñar a otros sobre cómo iniciar conversaciones y dirigirlas hacia temas espirituales. Pueden transferir sus habilidades sociales a otros.

Sea cual sea tu personalidad, debes usarla para ayudar en el evangelismo y alentar a ayudar a otros y animarlos en sus debilidades. Así como tu personalidad es una ayuda para ellos, la de ellos puede ser una ayuda para ti. ¿Qué mejor manera de usar tu singularidad para ayudarse mutuamente en tu alcance a los no creyentes?

#7

CUALQUIERA QUE SEA TU DON ESPIRITUAL, PUEDE SER UTILIZADO PARA ALCANZAR A LOS NO CREYENTES.

Usando tus Dones Espirituales

¿Has descubierto tus dones espirituales y cómo podrían usarse en el evangelismo? Las Escrituras son claras. El don espiritual del evangelismo puede ser usado tanto para alcanzar a los no creyentes como para capacitar a los creyentes. Lo que los creyentes pasan por alto es cómo usar sus dones espirituales, de alguna manera pueden ser utilizados en el evangelismo.

Un don espiritual es una habilidad divinamente otorgada para servir al cuerpo de Cristo. Como explica Efesios 4:12-13, las personas dotadas espiritualmente son dadas a la iglesia:

> *a fin de perfeccionar a los santos para la obra del ministerio, para la edificación del cuerpo de Cristo, hasta que todos lleguemos a la unidad de la fe y del conocimiento del Hijo de Dios, a un varón perfecto, a la medida de la estatura de la plenitud de Cristo;*

Todos los creyentes tienen un don espiritual; algunos tienen más de uno. ¿Cómo podrías usar tu don espiritual, aunque no sea el don de evangelismo, para servir al cuerpo de Cristo y alcanzar a los no creyentes? Una mirada cuidadosa a varios dones lo explicará mejor.

Como ejemplo el don de misericordia mencionado en Romanos 12:8 podría definirse como la capacidad de mostrar compasión por las heridas de los demás y atenderlos en sus necesidades. Este puede ser un don excepcionalmente especial en el evangelismo. Muchos vienen a Cristo en medio de una crisis: Pérdida de un trabajo, pérdida de un compañero o amigo cercano, o por un cambio repentino en la salud. Cuando alguien con el don de misericordia muestra simpatía hacia tal persona y le ministra, se abren oportunidades para el evangelio. Los creyentes con este don pueden tener un tremendo ministerio para los no creyentes.

Supone que alguien tiene el don de administración mencionado en 1 Corintios 12:28 tiene una habilidad especial para organizar a las personas hacia un objetivo común, supervisar los detalles involucrados y asegurarse que el proceso se desarrolle sin problemas. ¿Qué mejor persona hay para organizar un evento de alcance o explicar los detalles del programa de evangelismo de una iglesia?

¿Tienes el don de enseñar como se ve en 1 Corintios 12:28? Dios usa a esos creyentes para instruir a su pueblo en verdades espirituales. Una persona con ese don tiene la oportunidad de tomar lo que las Escrituras dicen acerca del evangelismo y enseñar a los creyentes de una manera que mejore su alcance personal.

Identifica tus dones espirituales y luego pregúntale a Dios: "¿Cómo puedo usar mis dones en el evangelismo?" Tus dones espirituales, cualesquiera que sean, pueden impactar el cuerpo de Cristo y, en última instancia, a los no creyentes.

#8

NO TIENES QUE CONOCER TODA LA BIBLIA PARA EVANGELIZAR, SOLO EL EVANGELIO.

Comparte el Evangelio, no la Biblia

¿Te has dado cuenta de cómo complicas muchas cosas más de lo necesario? Pueden ser instrucciones sobre cómo obtener un permiso para construir una casa o sobre cómo devolver un par de pantalones.

Lamentablemente, a menudo haces lo mismo cuando explicas el plan de salvación. Una forma de complicarlo es que explicas la Biblia, no el Evangelio. Parece que quieres explicar desde el Génesis hasta el Apocalipsis a un no creyente. Ellos ni siquiera han venido a Cristo. En este punto, no es la Biblia lo que necesitan; es solo el evangelio.

Podrías decir: "Pero la Biblia es el evangelio". No, la Biblia contiene el evangelio. Pero la Biblia es mucho más que el evangelio. Contiene información vital sobre cómo educar a tus hijos, cómo gastar tu dinero, cómo amar a tu enemigo, cómo participar en una iglesia local, cómo entender los acontecimientos del fin de los tiempos, y mucho más. Los elementos históricos del evangelio están contenidos en 1 Corintios 15:3–5:

> *Porque primeramente os he enseñado lo que asimismo recibí: Que Cristo murió por nuestros pecados, conforme a las Escrituras; y que fue sepultado, y que resucitó al tercer día, conforme a las Escrituras; y que apareció a Cefas, y después a los doce.*

Note los cuatro verbos: Cristo murió, Él fue sepultado (la prueba de que Él murió), Él resucitó, y Él fue visto (la prueba de que Él resucitó). Así que el evangelio se puede resumir en diez palabras: "Cristo murió por nuestros pecados y resucitó de la muerte". Ese es el mensaje que tenemos para los no creyentes. Eso es lo que Dios llama, "el poder de Dios para salvación de todo aquel que cree" (Romanos 1:16).

Entonces, ¿Por qué no entusiasmarse con el evangelismo? No tienes que ser un estudiante de seminario con un conocimiento profundo de las Escrituras. No tienes que ser un intelectual que pueda refutar todos los argumentos o responder a todas las preguntas. No tienes que ser una persona dotada para el evangelismo. Todo lo que tienes que ser es alguien que explique el mensaje sencillo del evangelio.

Tu conocido no creyente no necesita los sesenta y seis libros de la Biblia. Puede aprenderlos más adelante. En este momento, necesita las diez palabras del evangelio: Cristo murió por nuestros pecados y resucitó de la muerte.

#9

EL CRECIMIENTO EN GRACIA Y EL CONOCIMIENTO TE AYUDARÁ EN EL EVANGELISMO.

Ambos son Necesarios

A veces, las cosas más sencillas que dice la Biblia pueden ser las más impactantes y también las más útiles en tu alcance personal. En 2 Pedro 3:18, Pedro desafió a la iglesia diciendo: "Antes bien, creced en la gracia y el conocimiento de nuestro Señor y Salvador Jesucristo". Crecer tiene la idea de un proceso sin fin. Pedro dijo que ese crecimiento nos ayudará a protegernos del error (2 Pedro 1–2). Conocer la Palabra de Dios te ayuda a identificar el error cuando lo escuchas, pero también hay otros beneficios.

Pedro enfatiza dos ámbitos de crecimiento: la gracia y el conocimiento de Cristo. La gracia significa favor inmerecido y se refiere a todo el ámbito en que Dios vive y extiende su bondad hacia ti. Dios reparte favor sobre favor a aquellos que no lo merecen. Cada día Él nos colma con lo que no merecemos, como el perdón cuando le hacemos daño. A medida que creces en la gracia, te encuentras respondiendo a los no creyentes de la manera en que Él te responde. Ya que Él es paciente contigo, puedes ser paciente con ellos, aceptando el daño sin defenderte. Puedes humillarte en tu acercamiento a ellos porque Él se humilló a sí mismo y murió en una cruz por ti. Puedes amar a los que no son amados, porque Él nos amó como pecadores no amados.

El conocimiento no solo significa conocerle como Salvador, sino profundizar en ese conocimiento de quién es Él. Significa conocerlo, para que comiences a entender más acerca de quién es

Él y cómo interactuó con las personas durante su tiempo de vida en la tierra.

Aumentas tu comprensión de cómo respondió a quienes lo adoraban y a quienes no lo hacían. Aprendes más acerca de sus enseñanzas concernientes a Dios, el amor, la vida, el dinero, el aquí y ahora, el más allá, y una gran cantidad de otras cosas.

Esa profundización de tu conocimiento, junto con una comprensión más profunda de la gracia, te enseña cómo responder a las acciones y comentarios de los no creyentes. Cuando más creces en la gracia y el conocimiento de Cristo, más equipado te sientes para hablar con los no creyentes. ¿Quién mejor para equiparte que el propio Maestro? Tanto en palabras como en acciones, respondes a los no creyentes de la manera que Él desea que lo hagas. Además, tu pasión por los no creyentes aumenta. ¿Cómo puedes acercarte a alguien que amó a los no creyentes de la manera en que Cristo lo hizo y no ser cambiado?

La gracia y el conocimiento de Cristo crece en ellos. Te sentirás más atraído hacia los no creyentes a medida que lo hagas y estarás mejor equipado para evangelizar.

#10

UNA ACTITUD ADECUADA TE CONVIERTE EN UNA PERSONA AGRADABLE PARA ESCUCHAR.

No Minimices la Actitud

¿Has notado que algunas personas son como imanes? Hay algo en ellas que simplemente te atrae. Hay algo en ellas que a otros realmente les gusta. A menudo va mucho más allá de todo lo que dicen. Tiene que ver con su actitud, su comportamiento, y su forma de ser.

Un buen ejemplo es Daniel en la Biblia—"Pero Daniel mismo era superior a estos sátrapas y gobernadores, porque había en él un espíritu superior; y el rey pensó en ponerlo sobre todo el reino" (Daniel 6:3).

Daniel tenía muchas cosas que impresionaban. Estableció un alto estándar en la forma en que se conducía. Era un estadista y hombre de negocios capaz, un intérprete de sueños y un profeta talentoso. El coraje, el autocontrol y la integridad marcaron su vida. Sin embargo, a lo que este versículo parece estar indicando no es solo en la forma que Daniel hizo su trabajo, sino su actitud al hacerlo. Era el tipo de persona con la que querías estar y esperabas que algo de él pudiera contagiarte. Tan intachable fue lo que hizo y en la actitud con que lo hizo, que ni siquiera sus enemigos encontraron base para acusarlo: "Entonces los gobernadores y sátrapas buscaban ocasión para acusar a Daniel en lo relacionado al reino; mas no podían hallar ocasión alguna o falta, porque él era fiel, y ningún vicio ni falta fue hallado en él" (v. 4).

Puedes imaginar el impacto que esto tuvo en algunos que no conocían al Dios que él conocía. Es cierto que su buena actitud creó algunos problemas. Cuando sus enemigos quisieron acusarlo, lo único que pudieron presentar ante el rey Darío fue que oraba tres veces al día (Daniel 6:13). Pero, de nuevo, no fue solo lo que Daniel hizo; fue su actitud la que fue tan atractiva, lo que la Biblia llama un "Espíritu excelente" (v. 3). Sin duda, muchos, uno de los cuales era el rey, habría dicho: "Hay algo en ese tipo que realmente me agrada".

La actitud importa. Las personas no sólo se fijan en lo que haces, sino en la actitud con la que lo haces. Una actitud atractiva atrae a otros hacia ti y hace que tu mensaje se escuche con mayor rapidez y claridad. La falta de un espíritu adecuado puede hacer que tu mensaje sea rechazado.

¿El "Espíritu excelente" que distinguía a Daniel te distingue a ti?

#11

PARA SER CONSISTENTE EN EL EVANGELISMO, DEBES DOMINAR UN MÉTODO.

Un Sello Distintivo de Quienes Comparten a Cristo

Cuando enseñe acerca de elegir un método para usar en el evangelismo, un hombre protestó: "No tengo un método para presentar el evangelio. No creo que lo haya presentado de la misma manera a dos personas". Así que le pregunté cómo lo hacía. Curiosamente, tenía un método. Lo comenzaba de manera diferente y lo terminaba de manera diferente, pero había un método básico que usaba.

Cualquier persona involucrada en el evangelismo tiene un método básico. Ese método le brindara dos cosas: confianza y consistencia. De ese modo, el evangelismo puede convertirse en algo habitual en lugar de una excepción en tu vida.

Echa un vistazo a Hechos 17:2: "Y Pablo, como acostumbraba, fue a ellos, y por tres días de reposo discutió con ellos". Cualquiera que fuera el método que usaba, Pablo tenía una manera de exponer la verdad de las Escrituras a su audiencia. Si lo hubieras escuchado varias veces, probablemente habrías visto similitudes en la forma en que se acercaba a sus audiencias no cristianas. Teniendo un enfoque básico establecido, podría cambiarlo según fuera necesario dependiendo de su audiencia. Del mismo modo, un buen amigo mío es un cirujano cardíaco. Tiene un método básico para realizar cirugías de bypass, pero puede adaptarlo según sea necesario, dependiendo de las necesidades del paciente.

Un método te da una manera de presentar el evangelio que expone algo que es dado por Dios y conducido de una manera que la gente pueda entenderlo. El método te proporciona el conocimiento para hacerlo.

Pero ¿Acaso ese método no te convierte en algo mecánico o frío? ¿Acaso no te convierte en un robot? Al contrario. Te permite ser más sensible, cuidadoso y atento como jamás has sido con los no creyentes. Al tener un método, ahora puedes relajarte, observar sus expresiones y observar cualquier nerviosismo al hablar de cosas espirituales. Puedes ver lo poco o lo mucho que sonríen. Puedes captar la terminología que usan. Puedes sentir si están confundidos porque tus ojos están enfocados en los suyos. Tener un método te convierte en un excelente oyente, porque sabes cómo vas a presentar el evangelio eso te permite concentrarte en ellos. Ahora sabes cuál es la mejor manera de proceder, qué repasar, dónde ilustrar, cuándo avanzar y cuándo retroceder. En resumen, un método te libera para hacer el mejor trabajo de atención y comunicación que jamás hayas hecho. Incluso te permite ser flexible según sea necesario, dependiendo de la conversación o las circunstancias.

¿Quieres ser la persona más atenta en el evangelismo? Domina un método.

#12

"MENOS ES MÁS" CUANDO SE TRATA DE COMPARTIR LAS ESCRITURAS CON LOS NO CREYENTES.

Unos Pocos son Mejores que Muchos

¿Alguna vez recibiste un regalo de Navidad que era uno de esos artículos "arma tú mismo"? Tú miraste todas las partes y se volvió muy intimidante. Respiraste aliviado cuando encontraste el manual que describía todo el proceso en varios pasos fáciles de seguir.

¿Incluso recibir un regalo de Navidad que fue uno de esos artículos de "Armar tú mismo"?

La Biblia en su totalidad puede ser un libro abrumador, especialmente para los no creyentes, por lo que debes ser selectivo a la hora de presentar el evangelio. Si varios versículos explican lo que queremos que sepan, es mejor no usar docenas de ellos. Mostrarles demasiados versículos puede abrumarlos.

Pregúntate: "¿Qué es lo que realmente quieres que entiendan los no creyentes?" Son las tres partes del mensaje de salvación: Que somos pecadores, que Cristo murió por nosotros y resucitó, y que tenemos que confiar solo en Cristo para salvarnos.

¿Qué versículos de la Biblia explican el hecho que todos somos pecadores y que merecemos la separación eterna de Dios? Romanos 3:23 nos dice: "Por cuanto todos pecaron y están destituidos de la gloria de Dios". Romanos 6:23 nos dice: "Porque la paga del pecado es muerte". Sin embargo, también hay otros. David habla de ser pecador desde el nacimiento (Salmo 51:5).

Salomón declaro que no hay nadie sin pecado sobre la faz de la tierra (Eclesiastés 7:20). Cada una de estas afirmaciones tiene el mismo sentido, pero puedes elegir la que consideres más apropiada para el no creyente.

Cuando pensamos en la muerte sustitutiva de Cristo que pagó por nuestros pecados, naturalmente nos viene a la mente Juan 3:1. Romanos 5:8 también lo expresa claramente: "Mas Dios muestra su amor para con nosotros, en que siendo aún pecadores, Cristo murió por nosotros". Otros versículos que hablan de su pago por nuestra deuda de pecado incluyen Isaías 53:6 y 2 Corintios 5:21. Uno o dos de ellos aclararán el punto.

Cuando piensas en la necesidad de responder con fe, pocos versículos lo expresan mejor que Efesios 2:8-9. "Porque por gracia sois salvos por medio de la fe; y esto no de vosotros, pues es don de Dios; no por obras, para que nadie se gloríe". También se podría ir a un versículo como Romanos 4:5. O volver a un versículo como Juan 3:16 donde se nos llama a creer, a confiar solo en Cristo para salvarnos.

No abrumes a un no creyentes con muchos versículos cuando unos pocos serán suficientes. Cuando se trata de nuestra salvación, Dios habla tan claramente que unos pocos versículos lo dicen todo.

#13

SEA CREATIVO CON SUS MÉTODOS, NO CON SU MENSAJE.

La Creatividad Ayuda

La creatividad es genial. Hace que a las personas se les ocurran ideas que nunca antes habían considerado. Pero la creatividad mal aplicada también puede ser peligrosa. ¿Te gustaría estar en un avión con un piloto al que se le ocurrió una forma nueva y creativa de aterrizar? ¿Te gustaría estar con un médico que se le ha ocurrido una combinación creativa de medicamentos para resolver tu problema de dolor, aunque no se haya probado ni demostrado su eficacia? Difícilmente.

Ser creativo puede ser útil en el evangelismo e incluso debe ser asertivo, pero asegúrate de ser creativo sobre lo correcto. La creatividad sobre lo correcto honra a Dios y ayuda a los no creyentes. La creatividad en lo incorrecto deshonra a Dios y daña a los no creyentes.

La creatividad no se puede aplicar al mensaje que tenemos para los no creyentes. Ese mensaje nunca cambia. Pablo definió el evangelio en 1 Corintios 15:3–5, y podemos resumirlo en diez palabras: "Cristo murió por nuestros pecados y resucitó de los muertos". Venimos a Dios como pecadores, reconocemos que Cristo murió en una cruz por nosotros y resucitó, y ponemos nuestra confianza solo en Cristo para salvarnos. Alterar ese mensaje no solo les da a los no creyentes el mensaje equivocado, sino que también invita a la disciplina de Dios. Dios dijo en Gálatas 1:8: "Mas si aun nosotros, o un ángel del cielo, os anunciare otro evangelio diferente del que os hemos anunciado, sea anatema".

Por otra parte, la creatividad en tu método debe ser bienvenida y puede ser gratificante. Lo que Dios usó para alcanzar a una persona no es necesariamente lo que usará para alcanzar a otra. Algunos en el Nuevo Testamento llegaron a Cristo a través de la proclamación del evangelio a las masas (Hechos 2:14-41). Otros llegaron a Cristo a través de una presentación individual del evangelio (Hechos 8:26-39).

Los métodos pueden ser tan diversos como aquellos a quienes se quiere alcanzar y quienes los alcanzan. Algunos pueden responder a la página impresa porque les encanta leer. Otros, que son visuales y disfrutan lo que ven, pueden verse muy impactados por un testimonio en vivo, un vídeo o un programa de televisión que enseñe valores eternos. De la misma manera, con aquellos que evangelizan, un creyente puede sentirse muy cómodo con el evangelismo en la calle o las conversaciones sin previo aviso. A otros les resulta difícil ese enfoque. En cambio, les encanta invitar a las personas a la comodidad de sus hogares y hablar sobre cosas espirituales.

¡Creatividad! ¡Anímate! Úsala. Pero asegúrate de usarla para tu método, no para el contenido de tu mensaje.

#14

DESARROLLAR LA CAPACIDAD DE TU MENTE PARA PENSAR Y APRENDER, MEJORA TU EVANGELISMO.

Ámalo con tu Mente

Cuando Jesús dijo que lo amáramos, ¿Cómo nos dijo que lo hiciéramos? Mateo 22:37 dice: "Jesús le dijo: Amarás al Señor tu Dios con todo tu corazón, y con toda tu alma, y con toda tu mente" (énfasis mío). Ten en cuenta que Él incluyó la mente.

¿Por qué enfatizaría eso? Aunque no es la intención de hacerlo, los cristianos a veces defienden que el uso del intelecto quita la dependencia del Espíritu Santo. Al hacerlo, comunicas que cuando Dios perdona los pecados, Él también quita tus pensamientos. Esto es falso.

Sí, la Biblia habla que la inteligencia impide ver la simplicidad del evangelio (1 Corintios 1:18–31). La Biblia también advierte acerca de depender únicamente de la capacidad de expresar las cosas intelectualmente para llevar a las personas a Cristo (1 Corintios 2:1–5). Pero ninguno de esos pasajes niega el hecho que Dios quiere que usemos nuestra inteligencia, discernimiento y sentido común.

¿Cómo amarlo con nuestra mente en el evangelismo? Siendo creativos en la forma en que nos acercamos a los no creyentes con el mensaje de la gracia. Reúna las mentes de las personas innovadoras y pregunte: "¿Cuáles son las posibilidades en términos de cómo llevar el mensaje fuera de las paredes de nuestra iglesia?" Las personas que aman a Cristo con sus mentes tienen grandes ideas.

Otra forma es participar activamente en conversaciones con los no creyentes, ya sea que dirijamos una conversación a cosas espirituales o respondamos a las objeciones que los no creyentes tienen al evangelio. La capacidad de pensar y usar el sentido común es indispensable. Dios, a través de Su Espíritu Santo, trae ideas a nuestras mentes que son más efectivas para alcanzar a los no creyentes.

Dios te dio la mente para ayudarte a aprender y crecer, incluyendo el desarrollo de tus habilidades en el evangelismo. Una manera de amarlo con tu mente para alcanzar a los no creyentes es estudiar y aprender a evangelizar. Aquellos que son efectivos en el evangelismo están ansiosos por aprender, reconociendo que Dios hará su parte en el desarrollo de sus habilidades, pero ellos también tienen que hacer la suya. Disfrutan de la capacitación en evangelismo y quieren desarrollar el conocimiento para responder a los comentarios hechos por los no creyentes.

Cuando vienes a Cristo, Dios no elimina tu mente. Sino que la fortalece a través del Espíritu Santo para que sea lo mejor que pueda ser. Así que, ámalo con tu mente. Tú te sentirás animado con la forma en que ha mejorado tu evangelismo.

#15

EL HECHO DE QUE EL MURIÓ POR NOSOTROS ES LA ESENCIA DEL EVANGELIO.

Dos Palabras que Marcan la Diferencia

Pregúntale a la persona promedio: "¿Qué tienes que hacer para obtener la vida eterna?" La respuesta más común que recibirás es: "Tienes que ser bueno". ¿Por qué no ven que la vida eterna es un regalo gratuito que no se merece y no se puede ganar?

A veces es porque se olvidan de dos palabras en una de las declaraciones más claras que hace la Biblia. Romanos 5:8 dice: "Mas Dios muestra su amor para con nosotros, en que siendo aún pecadores, Cristo murió por nosotros". Muchas personas pasan por alto esas dos palabras: "por nosotros". Su muerte nos muestra cómo vivir agradándole y cómo morir a nosotros mismos para que podamos poner a los demás primero; pero su muerte fue, ante todo, por nosotros. Eso significa en nuestro lugar. Si Él no hubiera muerto, nosotros lo habríamos hecho. Él fue nuestro sustituto. Los clavos que debieron haber atravesado nuestras manos y pies, fueron clavados a través de los suyos.

¿Por qué esas dos palabras "por nosotros" hacen una diferencia tan grande? Primero, el pago por el pecado es la muerte. Un Dios santo tiene que castigar el pecado. Ese "alguien" que ocupa nuestro lugar tiene que ser alguien perfecto. Un pecador no puede pagar por los pecados de otro pecador, así como un criminal no puede pagar por el crimen de otro criminal. El hecho que Dios aceptara la muerte de su Hijo como nuestro sustituto significa que Jesús era quien Él declaró ser, el Hijo perfecto de Dios, Si Él no hubiera sido, su muerte nunca habría sido suficiente para pagar por nuestros pecados.

En segundo lugar, por eso nadie puede siquiera pensar en alguna manera de pagar por su propio pecado. El pago por el pecado que ya se ha hecho. En la cruz, Cristo dijo: "¡Consumado es!" (Juan 19:30). Dios quedó completamente satisfecho con lo que hizo su hijo al pagar el precio de los pecados de todos. No hay forma de pagar por lo que ya se ha pagado.

Ahora puedes entender por qué ninguna cantidad de bondad o buenas obras puede hacer que alguien obtenga una relación correcta con Dios. Uno tiene que estar satisfecho con lo que satisfizo a Dios. Si él hubiera estado satisfecho con alguna bondad o buenas obras de nuestra parte, su hijo no habría tenido que morir en nuestro lugar.

La cruz es ante todo una cuestión de sustitución, no simplemente de sacrificio. Él no murió para impresionarte; murió para perdonarte. Cuando expliques el evangelio, asegúrate de que los no creyentes escuchen este mensaje: 'Él murió por nosotros.

#16

LOS CONTACTOS CONDUCEN A LAS CONVERSACIONES Y LAS CONVERSACIONES CONDUCEN A LAS CONVERSIONES.

Las Tres C del Evangelismo

El evangelismo tiene tres "C". Los contactos conducen a las conversaciones, que conducen a las conversiones. Recordar ese sencillo principio no solo mejorara tu evangelización, sino que también te animara a no hacer que el evangelismo sea más difícil de lo que debe ser.

Todo comienza con los contactos. Es imposible hacer evangelismo personal sin contactos personales. Por eso hay que ser lo que Cristo fue: amigo de los pecadores. ¿Qué cosa más grande podría decirse de nosotros que lo que se dijo de Cristo? Este recibe a los pecadores y come con ellos, (Lucas 15:2). Los enemigos de Cristo lo dijeron como una crítica, pero Cristo lo tomó como un cumplido. Examina todo lo que haces en el trabajo y en los tiempos de ocio. Luego pregúntate: "¿Dónde tengo contactos que veo semanalmente que no son creyentes?" Es importante tener amistades con personas que conocen al Señor; pero es igualmente importante tener amistades con aquellos que necesitan al Señor.

El contacto conduce a conversaciones, tal como sucedió con Cristo y la mujer samaritana de Juan 4. Aquella conversación comenzó con una sencilla petición de Cristo: "Dame de beber" (v. 7). Las conversaciones son útiles, no tanto porque tú hables, sino porque ellos hablan. Si es tu primer encuentro, es posible que compartan dónde trabajan o han trabajado, de dónde son, si están casados o tienen hijos. Cuanto más interactúes, más detalles conocerás sobre sus vidas pasadas y presentes. A veces llegan hasta revelar sus fracasos y éxitos, los altibajos del matrimonio, la crianza de los hijos o el trabajo.

Mientras hablan, encuentras áreas en las que puedes identificarte con ellos, similitudes en antecedentes, familia y trabajo. Los temas seculares te permiten pasar a temas espirituales como Dios, la oración, la religión, la iglesia, etc. Incluso un simple "Oraré por ti" puede provocar la respuesta "Eso me vendría bien". Esto podría permitirte dirigir la conversación hacia cosas espirituales y, en última instancia, hacia el evangelio.

Las conversaciones a menudo conducen a conversiones, como el eunuco etíope de Hechos 8 que respondió a Felipe diciendo: "Creo que Jesucristo es el Hijo de Dios" (v. 37). Cuantas más conversaciones tengas con personas no creyentes, es probable que veas más conversiones. Las conversaciones prolongadas no siempre terminan con la persona confiando en Cristo; pero algunas sí. Las que no lo hacen pueden plantar una semilla; lo que conduce a conversiones después de que otra persona comparta el evangelio más adelante en el camino de esa vida.

Las tres "C" del evangelismo: fáciles de recordar y productivas de usar. Los contactos conducen a conversaciones, que a su vez conducen a conversiones.

#17

LA CONDICIÓN FÍSICA PUEDE AFECTAR TU EVANGELISMO MÁS DE LO QUE CREES.

Mantente en Forma Físicamente

Sin duda, la condición espiritual impacta tu evangelismo. Cuanto más cerca estés de Cristo, más cerca querrás estar de las personas perdidas. Él dijo específicamente, "Porque el Hijo del Hombre vino a buscar y a salvar lo que se había perdido" (Lucas 19:10). Estar cerca de su corazón es compartir su preocupación por los no creyentes.

Sin embargo, lo que a menudo se pasa por alto es cómo tu estado físico también puede influir en el evangelismo. De ninguna manera eso quiere decir que aquellos con algún tipo de dificultad o discapacidad física no puedan ser utilizados en el evangelismo. De ninguna manera. Simplemente quiere decir que, además de estar atentos a cómo estamos espiritualmente, también debemos cuidar como estamos físicamente.

Curiosamente, Pablo relacionó el estado físico con la eficacia del ministerio e incluso con la recompensa futura en 1 Corintios 9:24–27. Entonces les dijo:

> *¿No sabéis que los que corren en el estadio, todos a la verdad corren, pero uno solo se lleva el premio? Corred de tal manera que lo obtengáis. Todo aquel que lucha, de todo se abstiene; ellos, a la verdad, para recibir una corona corruptible, pero nosotros, una incorruptible. Así que, yo de esta manera corro, no como a la ventura; de esta manera peleo, no como*

quien golpea el aire, sino que golpeo mi cuerpo, y lo pongo en servidumbre, no sea que habiendo sido heraldo para otros, yo mismo venga a ser eliminado. (Énfasis mío)

Pablo usó una metáfora de la vida espiritual para referirse también a la vida física. No quería que la falta de autodisciplina en el ámbito físico le hiciera perder la recompensa cuando viera al Salvador cara a cara. ¡La condición física es importante!

¿Por qué y cómo es importante la condición física para el evangelismo? De dos maneras:

Primero, en el evangelismo estás en la primera línea. Estás realizando un ataque directo contra el reino de Satanás (Efesios 6:12). Las batallas espirituales pueden afectarnos físicamente en términos de cansancio y agotamiento de nuestras fuerzas.

La segunda es la duración de la vida. Dios determina la duración de nuestros días (Job 14:5), pero humanamente hablando el cuidado de tu cuerpo físico puede afectar la longevidad. Cuantos más años tengas, podrás presentarle a más personas al Salvador. Dios nos da muchas cosas con las que podemos servirle en el evangelismo. Una de ellas es tu cuerpo. Tu salud y tu condición física no están totalmente bajo tu control, pero, en la medida de lo posible, debemos disciplinar nuestro cuerpo para que sea una herramienta eficaz en el evangelismo.

#18

DECIR UNA ORACIÓN NO SALVA.

Ten Cuidado de no Engañar

Las personas bien intencionadas a veces pueden hacer lo incorrecto por la razón correcta. Se preocupan profundamente, pero a veces no se dan cuenta de lo dañinas o engañosas que pueden ser las palabras. Cuando guiamos a las personas hacia Cristo, a menudo las llevamos a un punto de oración, un momento en el que pueden decirle a Cristo que creen en Él. Sin embargo, a veces las buenas intenciones truncan el mensaje del evangelio al orar la "oración del pecador". "Le puedes decir al no creyente si quiere ser salvo, simplemente di la oración del pecador".

Puede haber un doble problema. En primer lugar, la "oración del pecador" no se encuentra en las Escrituras. Uno busca en la Biblia en vano lo que se llama la "oración del pecador". En segundo lugar, el no creyente a menudo entiende que al decir una oración recibe la vida eterna. Nada podría estar más lejos de la verdad. Las Escrituras son claras en que uno se salva al confiar en Cristo, no al decir una oración. Una de las declaraciones más sencillas de la Biblia es Juan 6:47: "De cierto, de cierto os digo: El que cree en mí, tiene vida eterna". En el momento en que uno pone su confianza solo en Cristo para salvarse, es para siempre un hijo de Dios. Decir una oración no salva más que el bautismo, vivir una buena vida, ir a la iglesia, guardar los mandamientos o tomar los sacramentos.

¿Es útil decir una oración en el momento de la salvación? Sin duda. Decirle a Dios lo que estás haciendo consolida en tu mente lo que has hecho e incluso te inicia en el camino de hablar con Dios regularmente. Además, decírselo a Dios te ayuda a decirle a los demás. Pero es esencial entender que pronunciar una oración no asegura tu salvación. Muchos son salvos antes de decir esa oración. Han transferido su confianza de todo aquello en lo que confiaban antes para salvarlos (Tu buena vida, asistencia a la iglesia, etc.) y, en su lugar, ahora confían solo en Cristo para salvarlos. En ese segundo, son justificados ante Dios.

Debes animar a las personas a acercarse a Dios como pecadores, a reconocer que Cristo murió por nosotros y resucitó, y a confiar solo en Cristo para salvarnos. Es útil guiarlos en oración mientras le cuentan a Dios lo que estás haciendo y animar al nuevo creyente a practicar el hablar con Dios. Ten cuidado de explicar que es confiar en Cristo lo que salva, no decir una oración.

#19

LOS NO CREYENTES DEBEN ENTENDER QUE CUANDO DIOS DICE QUE LA VIDA ES ETERNA REALMENTE LO ES.

Sin Condiciones

"Oferta gratuita, detalles en el interior". Cuando veas esas palabras impresas en un sobre en el correo, ni siquiera te tomas el tiempo de abrirlo. Nunca has recibido uno sin condiciones, algo así como:

- "Llama a este número para recibir tu regalo gratis". El número al que llamaste te permite saber que el "regalo gratis" en realidad no era gratis.

- "Ven a vernos y trae esta tarjeta". Una vez allí, te enteras que debes asistir a una presentación de ventas de dos horas bajo mucha presión antes de recibir el regalo.

- "Para saber si calificas, responde estas cuatro preguntas y luego llámanos". Curiosamente, lo que era gratis solo lo era para las personas que calificaban.

Creo que estas tácticas populares dificultan que muchas personas reciban el regalo gratuito de Dios de la vida eterna. Él dice: "Porque la paga del pecado es muerte, mas la dádiva de Dios es vida eterna en Cristo Jesús Señor nuestro" (Romanos 6:23). Muchos responden: "Debe haber algún tipo de condición". No la hay. Cuando Jesucristo pagó por tus pecados en una cruz, pagó la deuda en su totalidad. Por eso declaró: "¡Consumado es!" (Juan 19:30). Nada de lo que tu puedas hacer puede ayudar a pagar lo que ya está pagado. Tal vez respondan: "Eso suena demasiado bueno para ser verdad". Pero solo porque suene así, no significa que no sea verdad.

A algunos cristianos les preocupa: "Pero, si realmente haces hincapié en lo gratuito que es, ¿No animaría eso a alguien a venir a Cristo y luego continuar pecando deliberadamente?"

En primer lugar, si ese pensamiento no ha pasado por tu mente, es posible que no hayas comprendido plenamente lo gratuito que es el regalo. Después de todo, ese pensamiento pasó por la mente de Pablo. Él dijo en Romanos 6:1: "¿Qué, pues, diremos? ¿Perseveraremos en el pecado para que la gracia abunde?"

En segundo lugar, la gratuidad total de ese regalo es la motivación para vivir una vida piadosa, no de pecado. Pablo respondió a su propia pregunta diciendo: "De ninguna manera. Los que hemos muerto al pecado, ¿Cómo viviremos aún en él?" (v. 2). De hecho, los cristianos que no viven en gratitud por el regalo se sienten más miserables que antes de venir a Cristo. Su nueva vida combinada con sus antiguas prácticas pecaminosas presenta un "choque de conciencia" de la peor clase.

Al evangelizar, sé rápido en explicar que cuando otros dicen gratis, es posible que no lo digan en serio; pero Dios siempre lo dice. Cuando tu explicas que la salvación es gratis los motivas más.

#20

SIEMPRE REGRESA AL HECHO INNEGABLE DE LA RESURRECCIÓN DE CRISTO.

Los Hechos no Cambian

Un amigo mío dijo: "He tenido momentos en los que me he aburrido del cristianismo, pero nunca he dudado de su verdad. Los hechos están ahí".

¿A qué hechos se refería? Mientras seguía hablando, mencionaba uno de los hechos con más testimonio en la historia es: La tumba vacía. Ninguna persona ha sido capaz de justificarlo. De aquellos que conozco que han estudiado la resurrección objetivamente, todos se han convertido al cristianismo como resultado de lo que Dios reveló en ese tiempo de estudio. Muchos de los que han pasado años en el evangelismo han observado lo mismo. Josh McDowell da testimonio del papel que desempeñó el estudio de la resurrección en su propia conversión en su libro El Factor de la Resurrección. Dice: "Sorprendentemente, no pude refutar el cristianismo porque no podía justificar un evento crucial en la historia: La resurrección de Jesucristo".[1]

¿Qué significa eso en el evangelismo? En primer lugar, hay que volver siempre a los hechos. El que duda de la verdad del cristianismo tiene que explicar la tumba vacía. La cuestión no es la fiabilidad de la Biblia, aunque es, en efecto, la Palabra de Dios, sin error ni equivocación. Pero el cristianismo no se sostiene o se basa en la Biblia, sino en la resurrección. El que deja de lado la Biblia todavía tiene que lidiar con la tumba vacía. Examinemos a los

---

1 Josh McDowell, The Resurrection Factor
 (San Bernardino, CA: Here's Life Publishers, 1981), 8.

escritores históricos que hacen referencia a los acontecimientos que rodearon la tumba de Cristo. Algunos, aunque no sean creyentes, harán referencia a la resurrección como uno de los hechos más probados de la historia.

En segundo lugar, tu resurrección es tan cierta como la suya. Jesús respondió: "Todavía un poco, y el mundo no me verá más; pero vosotros me veréis; porque yo vivo, vosotros también viviréis" (Juan 14:19). Quien tiene tal poder sobre la tumba que pueda dar su propia vida y volverla a tomar (Juan 10:18), puede dar a otros también la vida eterna. Tu fe se basa en hechos, no en sentimientos. Los hechos tienen una razón detrás y nunca han sido refutados.

Al llevar a la gente de regreso a la tumba vacía, debes hacerlo con entusiasmo. Somos parte de uno de los hechos más atestiguados de la historia. Su resurrección nos asegura la tuya. Él venció la tumba y nosotros compartimos la victoria. Qué privilegio poder decirles a los no creyentes: "Confía en Cristo y tu resurrección será tan cierta como la de Él".

Los hechos no cambian. Su resurrección garantizó la tuya y la resurrección de todos los que confían en Él. ¡Anunciémoslo! ¡Declarémoslo! ¡Gritémoslo!

#21

NO SIEMPRE TIENES QUE SABER LO QUE CREE UN MIEMBRO DE UNA SECTA.

Conoce lo que Crees

Los creyentes se sienten presionados a comprender los pormenores de lo que cree un miembro de una secta para poder llegar a él. Luego estudian los hechos y las doctrinas sobre la secta y terminan discutiendo aspectos de la secta que ni siquiera el miembro de la secta entiende o le interesa.

¿Cuál es el engaño de ese enfoque? En primer lugar, ¿Cómo mantenerse al día? Cada año surgen tantas sectas nuevas que es imposible aprender y recordar los hechos sobre cada una. En segundo lugar, puede haber dos versiones de la misma secta, cada una con una creencia diferente.

Pero hay otro engaño. La mayoría de las personas que participan en una secta no están allí por lo que cree la secta. A menudo tienen poca o ninguna idea sobre cuáles son las creencias fundamentales. La mayoría de las veces, están allí porque alguien les dio un sentido de pertenencia. Un amigo se preocupó por ellos y les dijo: "Eres uno de nosotros".

En 1 Pedro 3:15 te anima en este punto. Pedro escribió: "Sino santificad a Dios el Señor en vuestros corazones, y estad siempre preparados para presentar defensa con mansedumbre y reverencia ante todo el que os demande razón de la esperanza que hay en vosotros".

Pedro no está diciendo que uno debe ser capaz de defender la fe cristiana contra todas las demás filosofías y creencias para evangelizar. Dios no espera que seas un sabelotodo o un defensor de todo en evangelismo. El contexto es que las personas perjudican a los que hacen el mal, no a los que hacen el bien (v. 13). Pero si uno sufre por hacer el bien, Pedro nos exhorta a no dejarnos intimidar. Deja que el temor de Dios expulse tu temor al hombre. Entonces, cuando las personas te pregunten por qué no tienes miedo, podrás darles "Razón de la esperanza que hay en ti, con mansedumbre y reverencia", es decir, podrás explicar la esperanza que hay en ti con reverencia a Dios y respeto al hombre.

Necesitas saber lo que tú crees, no siempre lo que ellos creen. Cuando ellos te expliquen lo que saben sobre las creencias de su secta, puedes ponerlo junto con lo que tú sabes que es la verdad. Luego también puedes aconsejarles que, si confían en Cristo, serán parte de una familia eterna que vivirá para siempre en la presencia del Rey.

Cuando hables con un miembro de una secta, recuerda que lo más probable es que no estés hablando con alguien que originalmente estaba buscando la verdad. Estaba buscando un amigo. Sé el mejor amigo que puedas para ellos haciéndoles saber lo que crees y por qué.

HAY QUE RECONOCER QUE EL EVANGELISMO ES OBRA DE DIOS

#22

LA SOBERANÍA DE DIOS BIEN ENTENDIDA DEBE CONFORTARTE EN EL EVANGELISMO.

¿Quieres Participar en la Acción?

La soberanía de Dios entendida correctamente siempre debe servir como una explicación; nunca como una excusa.

Los cristianos discuten e incluso discuten sobre temas como el libre albedrío del hombre, la predestinación, la elección y cómo se relacionan con la salvación. Al evaluar la soberanía de Dios frente a la voluntad del hombre con respecto a la salvación, a veces se pierde de vista el panorama general.

Las Escrituras son claras; Dios es soberano. Pablo testifica en Romanos 9:18, "¿No animaría eso a alguien a venir a Cristo y luego continuar compartiendo la palabra?" Pablo reconoció que detrás de todo lo que Dios hace o permite hay un propósito soberano. Eso trae consuelo en el evangelismo porque significa que, en última instancia, Dios está en control. Ahora, ¿En qué parte de las Escrituras se nos dice que, si un no creyente no viene a Cristo, eres responsable? Dios está en control, no tú.

Pero algunos cristianos usan ese entendimiento como excusa. "No hay necesidad del evangelismo", piensan. "Dios salvará a quien Él quiera".

Dios puede salvar y salvará a quien Él quiera, pero como sea que uno entienda la predestinación y el libre albedrío no es el problema. En este lado del cielo, es dudoso que alguna vez entendamos completamente esos conceptos. El problema que tienes que enfrentar es, ¿Quieres participar en la acción cuando Él trae persona tras persona a Cristo?

La soberanía de Dios no solo se relaciona con el resultado del evangelismo, sino también con los medios. Él ha decidido usar a las personas para llegar a las personas. Siendo soberano, Él podría haber elegido cualquier forma que quisiera para difundir la palabra. Podría haber usado un cartel publicitario o enviado un ángel para contárselo a los demás. En cambio, decidió dejarnos hacerlo a nosotros. Las personas alcanzadas pueden ser a través de una proclamación a las masas, como en Hechos 2 o una presentación individual como la de Felipe con el etíope en Hechos 8. Pero en una historia tras otra a lo largo de las Escrituras y la historia de la iglesia, a través de los siglos y a través del mundo, Dios ha usado a las personas para alcanzar a las personas.

Si elegimos no compartir nuestra fe, un Dios soberano puede usar a otro creyente para traer a un no creyente en particular a sí mismo. Pero nos perdemos el privilegio y la bendición de participar en la Gran Comisión.

Dios en su soberanía salvará a las personas perdidas. Dios en su soberanía decidió dejarte entrar en la acción. No rechaces la invitación que debe ser aceptada fácilmente y con entusiasmo.

#23

CONSTANTEMENTE PÍDELE A DIOS OPORTUNIDADES PARA COMPARTIR EL EVANGELIO.

¿Se lo has Pedido?

¿Alguna vez has notado cómo algunos creyentes tienen tantas oportunidades y otros tienen tan pocas? Una razón podría ser algo que fácilmente se pasa por alto. Aquellos que tienen numerosas oportunidades le piden a Dios por ellas.

El apóstol Pablo habló de "Puertas" para el evangelio, algunas cerradas y otras abiertas. También parece que algunas puertas se abrieron porque le pidió a Dios que las abriera e incluso pidió a otros que oraran en su nombre por lo mismo. En el ejemplo más vívido, se sienta en prisión y escribe una carta a los Colosenses. No quería que sus limitaciones físicas lo limitaran espiritualmente. Pidió oración: "orando también al mismo tiempo por nosotros, para que el Señor nos abra puerta para la palabra, a fin de dar a conocer el misterio de Cristo, por el cual también estoy preso, para que lo manifieste como debo hablar".

Imaginemos una oración de alguien que está en prisión, muy probablemente esposado a un soldado romano las veinticuatro horas del día. Incluso allí, quería una oportunidad para decirle a alguien que la muerte de Cristo en la cruz era el único medio para estar bien delante de Dios. El fervor de Pablo por difundir el evangelio revela que este tipo de oración debe haber sido un modelo, no una excepción en su vida.

Ahora piensa en tu agenda del día siguiente, o de la semana siguiente. Dondequiera que vayas, Dios puede abrir puertas. Eso puede ser mientras te sientas en un taxi y conversas con el conductor que parece bastante aburrido con su vida. Puede ser en un vuelo mientras hablas con la persona que sientes que se está desmoronando por dentro, la puerta abierta puede ser con un empresario conocido, cuya pareja le ha pedido el divorcio, o puede ser con un vecino cuyo hijo se está metiendo en graves problemas con la ley.

El punto es, pídele a Dios que abra esas puertas, y luego prepárate. Nuestro Dios que escucha las oraciones de sus hijos y ama a los no creyentes contestará esas oraciones. La respuesta puede llegar más rápido de lo que nunca pensaste que llegaría. Las puertas abiertas pueden venir de algunas de las maneras más inesperadas.

A veces, no tenemos porque no hemos pedido. Numerosas "peticiones" pueden abrir numerosas puertas.

#24

ENTENDER Y VER A DIOS COMO UNA PERSONA, NO COMO TEOLOGÍA, HACE LA DIFERENCIA.

Más que un Conjunto de Hechos

A veces me alarma la forma en que los cristianos hablan de Dios. Es casi como si Él fuera simplemente un conjunto de hechos para ellos. Me pregunto si es por eso por lo que los no creyentes lo ven como esa figura fría que está allí de pie con los brazos cruzados mientras la gente sufre.

El estudio de Dios se llama teología. Se presentan hechos particulares acerca de Él que prueban que Él es la persona que dice ser. Todos estos son buenos y útiles, pero debemos recordar que esos hechos rodean a una persona. La calidez y la naturaleza cariñosa de esa persona se ve en Jesucristo. La Biblia habla de Él llorando por la muerte de un ser querido (Juan 11:35), cansándose de viajar (Juan 4:6), y enojándose por el uso indebido del templo (Mateo 21:12-13). Los hechos son importantes para aumentar su conocimiento de Dios, pero es la persona de Dios quien impacta su salvación. Llegar a conocerlo no es llegar a creer un conjunto de hechos, sino abrazar a una persona, una que está presente todo el día, todos los días.

¿Qué significa eso en el evangelismo? ¡Todo! Afecta la descripción de Dios que presentas a los no creyentes y a la persona que ves caminando a nuestro lado mientras evangelizas.

Presentas a los no creyentes un Dios que quiere estar íntimamente involucrado en tu vida. Su amor por ellos se revela en cómo Él dio su vida en tu lugar. Jesús mismo dijo: "Nadie tiene mayor amor que este, que uno ponga su vida por sus amigos" (Juan 15:13). Los hechos no murieron en una cruz. Era una persona que sentía el dolor de los clavos atravesados por sus manos y pies tal como lo sentiríamos tú o yo, pero lo hizo para que pudiéramos ser perdonados. Recibió el castigo que merecíamos. Si rechazamos su oferta gratuita de vida eterna, Él se entristece.

También afecta la forma en que veas tu participación mientras se evangeliza. Un conjunto de hechos es distante. Las personas están involucradas contigo. Eso significa que cada paso que das en y alrededor de los no creyentes, Él está allí. Si tienes miedo de hablar, Él te dará las palabras para decir. Si no estás seguro de cómo responder a objeciones particulares, Él nos enseñará. Él está ahí en cada momento, en cada conversación.

Así que relájate y disfruta el evangelismo. La mejor persona que podrías presentar a los no creyentes está allí. La mejor persona que podría caminar a tu lado está allí. Mucho más que un conjunto de hechos, Él es una persona llena de sentimientos por los no creyentes y por ti.

#25

DIOS NO SIEMPRE SE AJUSTA A UN PATRÓN DETERMINADO.

Espera lo Inesperado

Tú sabes lo que esperas que Dios haga, pero a veces debes esperar lo inesperado. Después de todo, Él es Dios.

Juan 4:35-38 es un excelente ejemplo. En pocas frases, los versículos resumen el ministerio de Cristo en Samaria:

> *¿No decís vosotros: Aún faltan cuatro meses para que llegue la siega? He aquí os digo: Alzad vuestros ojos y mirad los campos, porque ya están blancos para la siega. Y el que siega recibe salario, y recoge fruto para vida eterna, para que el que siembra goce juntamente con el que siega. Porque en esto es verdadero el dicho: Uno es el que siembra, y otro es el que siega. Yo os he enviado a segar lo que vosotros no labrasteis; otros labraron, y vosotros habéis entrado en sus labores.*

Cristo estuvo en Samaria solamente dos días, pero no hizo milagros. Juan nos dijo al final de su libro que Cristo hizo milagros para demostrar que era Dios (Juan 20:30-31). Entonces, ¿Por qué no hizo eso en Samaria? ¡No necesitaba hacerlo! Cristo usó una analogía agrícola para explicar las estaciones del ministerio. Así como los agricultores plantan en una estación y cosechan en otra, lo mismo sucede en el ministerio. Los discípulos esperaban una estación de ministerio de siembra, pero los campos ministeriales de Samaria ya estaban "blancos para la siega". Algunos creen que la razón por la que Samaria estaba tan madura se debía al ministerio de Juan el Bautista o incluso a los profetas del Antiguo Testamento. De cualquier manera, los discípulos estaban a punto de presenciar lo inesperado: un campo tan blanco para la siega que cuando una persona venía a Él, muchas otras también lo hicieron. Las Escrituras explican: "Y creyeron muchos más por la palabra de él". (Juan 4:41).

Dios no siempre se ajusta al modelo que esperas. Es posible que no sepas cómo ha estado trabajando antes de que aparecieras en escena.

Puede que conozcas a alguien que esté mucho más abierto al evangelio de lo que jamás imaginaste que estaría, aunque nadie se haya acercado a él para hablarle del evangelio. Puede que conozcas a una persona que te pregunte sobre cosas espirituales antes de que tú se lo preguntes. Un pariente que siempre te ha evitado, temeroso de que le hagas preguntas difíciles, puede preguntarte si puedes ir a comer con él.

No encierres a Dios. Siendo Dios, Él hace lo inesperado. No siempre puedes planificar lo que Él va a hacer o cómo va a trabajar.

#26

DIOS USA LA CREACIÓN PARA GRITAR SU PRESENCIA.

La Evidencia que Él es Real

Si alguien quiere oír directamente a Dios para saber que existe, no tiene que ir muy lejos. Puede que necesiten que les indiques lo obvio. A veces Dios no susurra, ¡Grita!

Observa a un ciervo correr por el prado. Observa a una ardilla mientras trepa por un árbol. Estudia la configuración de la hoja que ha caído al suelo. Mira una estrella a través de un telescopio. Escala la montaña hasta su cima. Deja que el océano te agite. Estos momentos no son como algunos anuncios publicitarios, fáciles de pasar por alto y difíciles de leer. Son como carteles gigantes que gritan lo mismo. La voz que hay detrás de ellos es la del Dios Creador, y El no solo está diciendo, sino gritando: "¡Estoy aquí! Yo soy Dios".

Romanos 1:20 enseña: "Porque las cosas invisibles de él, su eterno poder y deidad, se hacen claramente visibles desde la creación del mundo, siendo entendidas por medio de las cosas hechas, de modo que no tienen excusa". Una primera lectura de ese versículo muestra que la creación anuncia que hay un Dios. En realidad, el versículo dice mucho más. La creación dice que hay un Dios al que no hay igual. Note las palabras: "Su eterno poder y deidad".

No se puede mirar la creación y decir: "Hay un Dios" y luego señalar una imagen tallada y decir: "Aquí está. Yo lo hice". En lugar de eso, uno con asombro tiene que decir: "Hay un Dios. Él me hizo a mí".

Por eso todos son inexcusables. Sus huellas están por todas partes. No hay lugar en la tierra que no grite su presencia. Si uno no ve a Dios en la creación, no es porque Dios no sea visible, sino porque la persona no está mirando.

Pero ¿Acaso una hoja, un árbol, una montaña o una nube explicarán el camino de la salvación a una persona perdida? No. El énfasis de la Escritura es que, si uno reconoce su presencia en la creación y lo busca, Dios de alguna manera se encargará que escuche el mensaje del evangelio. Hebreos 11:6 nos dice: "Él es galardonador de los que le buscan". Cornelio de Hechos 10 es un buen ejemplo. Convencido de la presencia de Dios, lo buscó y Dios a su vez le hizo escuchar el evangelio a través de Pedro.

Al conversar con los no creyentes, puedes recordarles que Dios no susurra su presencia; ¡La grita! La creación es una voz que no se puede silenciar.

#27

ALGUNAS CITAS ESTÁN DIVINAMENTE ORGANIZADAS PARA DARTE LA OPORTUNIDAD PARA EL EVANGELIO.

Puede que no sea una Reunión Más

Todos tenemos calendarios. Pueden ser algo físico que llevamos en el bolsillo, o algo digital como una aplicación de teléfono inteligente, un elemento que mantiene un asistente ejecutivo o algo que almacenamos en la sección de memoria de nuestro cerebro. Pero todos tenemos calendarios donde programamos citas. A veces, podemos pasar por alto que algunas de esas citas pueden estar dirigidas por Dios. Un instrumento humano, ya seas tú u otra persona, puede haber puesto la cita en su calendario. Pero detrás del instrumento humano puede haber estado la mano de Dios.

En el libro de Ester, Mardoqueo le hizo a la reina una pregunta punzante. El malvado Amán había planeado un complot para destruir a todos los judíos dentro del reino del rey Asuero. Poco sabía el rey Asuero que su propia reina era de descendencia judía. Cuando Mardoqueo, quien crió a Ester, se enteró del complot, confió en que Dios podía usar a quien quisiera para salvar al pueblo judío. También tenía mucha confianza en la soberanía y el poder de Dios. Pero reconoció que la razón por la que Ester estaba a favor del rey podría haber sido que ella era a quien Dios quería usar. Si ella se presentaba ante el rey en nombre de ellos, podría pedir la revocación del decreto, pero temía acercarse al rey voluble y brutal. Mardoqueo desafió a Ester: "¿Y quién sabe si para esta hora has llegado al reino?" (Ester 4:14). Sus esperanzas se hicieron realidad cuando Ester se acercó valientemente al rey y Dios la usó para salvar a los judíos. En lugar de que Amán causara la muerte de los judíos, los judíos causaron su muerte y la muerte de sus diez hijos (Ester 7:10; 9:14).

Cuando veas una cita en particular en tu calendario, pregúntate: "¿Están ellos aquí y estoy yo aquí para un momento como este?" Es decir, ¿Dios ha permitido y divinamente orquestado la cita porque Él quiere que compartas el evangelio? Nuestro Dios soberano puede haber organizado esta cita para que compartas al Salvador. Incluso si la persona no confía en Cristo ese día, la cita puede haber sido organizada por Dios para acercarla un paso más al Reino. ¡Qué emocionante es darte cuenta de que puedes ser parte de un plan maestro!

No tomes tus citas a la ligera. La que se aproxima puede haber sido divinamente organizada como parte de su plan para traer a un no creyente a Cristo.

#28

INTERPRETAR LAS ESCRITURAS CON PRECISIÓN Y CUIDADO.

Tomar en Serio la Palabra de Dios

Quienes se apasionan con el evangelismo a veces adoptan con los años métodos y motivos que no son bíblicos. Quizás un mentor se los transmitió o un mal entendimiento de la Biblia creó un pensamiento erróneo. Así como debemos volver continuamente a la Biblia para examinar nuestras creencias en relación con lo que dice en cualquier área, también debemos hacerlo en el evangelismo. Todos los métodos incluso aunque parezcan efectivos, deben estar sujetos a la palabra de Dios.

Por ejemplo, algunos dicen: "A menos que estés dispuesto a apartarte de tus pecados, no puedes ser salvo". Esto no es cierto, porque no se puede encontrar en las Escrituras. Tienes que admitir que eres un pecador, pero solo después de venir a Él tienes la fuerza y la capacidad de decir no al pecado y sí a Dios. Como nos dice Gálatas 5:16: "Digo, pues: Andad en el Espíritu, y no satisfagáis los deseos de la carne". Una persona primero debe recibir el Espíritu para poder actuar por Él. Él simplemente nos pide que vayamos a Él, y luego nos ayudará a vivir la vida que Él quiere que vivamos.

Aquí hay otro ejemplo de lo que algunos dicen: "Si tienes miedo de evangelizar, no amas a Jesús". Esto tampoco es verdad, porque no se encuentra en las Escrituras. Un seguidor y proclamador de Jesús como el apóstol Pablo a veces tenía miedo de evangelizar. Cuando Pablo entró en Corinto para evangelizar, testificó: "Y estuve entre vosotros con debilidad, y mucho temor y temblor;" (1 Corintios 2:3). Pablo le dijo a su joven discípulo Timoteo:

"Procura con diligencia presentarte a Dios aprobado, como obrero que no tiene de qué avergonzarse, que usa bien la palabra de verdad" (2 Timoteo 2:15). Más adelante dijo: "Pero tú sé sobrio en todo, soporta las aflicciones, haz obra de evangelista, cumple tu ministerio" (2 Timoteo 4:5). No podemos separar el estudio cuidadoso de la Biblia y la evangelización. Deben ir juntos. Para ser eficaces en la evangelización y, lo más importante, enfocarla desde la perspectiva de Dios, necesitamos saber lo que enseña la Biblia.

La palabra de Dios debe regir todo lo que decimos y enseñamos en el evangelismo, incluyendo tu mensaje, métodos y motivos. Siempre debes preguntarte: "¿Enseña eso realmente la Biblia?" Si lo que estamos comunicando está en línea con las Escrituras, no debes simplemente decirlo, sino gritarlo. Tienes la autoridad de Dios detrás de ti. Si no está en consonancia con las Escrituras, ni siquiera lo susurremos.

La autoridad de Dios es una impresionante afirmación. Lo que sea que estás diciendo o enseñando en el evangelismo, debes estar seguro que es Su palabra, no la nuestra.

#29

NO CARGUES LAS PUERTAS CERRADAS SOBRE TU HOMBRO.

Cuando todos los Intentos Fracasan

¿No puedes hacerlo? Es aún más frustrante cuando sabes que tu idea honra a Dios y podría tener resultados eternos.

Un buen ejemplo es la oportunidad de compartir el evangelio. Alguien puede ser de tanta preocupación para ti que le has pedido a Dios valentía. Has sentido el coraje para hablar que sabes que viene de Él; pero cada intento falla. La persona en tu corazón no solo ha cerrado la puerta; la ha cerrado de golpe y ha dejado muy en claro que no eres bienvenido a volver a hablar de cosas espirituales.

Sin embargo, aquí es donde a menudo te equivocas. Tomas ese problema, esa reacción sobre tus hombros, lo que solo conduce a frustración, desánimo, auto condenación y, a veces, ira. En cambio, debes dar un paso atrás y reconocer que es responsabilidad de Dios abrir puertas al evangelio. Tu no abres puertas. Solo pasas por las que Él ha abierto. Las puertas cerradas son su responsabilidad, no la tuya.

Es entonces cuando Filipenses 4:6 se convierte en una tremenda fuente de consuelo. "Por nada estéis afanosos, sino sean conocidas vuestras peticiones delante de Dios en toda oración y ruego, con acción de gracias". Dos palabras son profundamente alentadoras: nada y todo. No estéis afanosos por nada y traed todo delante de Él. Eso incluye tu frustración con las puertas cerradas en el evangelismo. Esa frustración debe ser entregada a Él.

Una vez entendido esto, ten presente tres cosas. En primer lugar, estas tratando con el reino de las cosas espirituales. Las personas no ven su necesidad hasta que Dios se la muestra. En segundo lugar, solo Dios puede alcanzarlas. Él tiene poder y habilidad que superan tus capacidades. En tercer lugar, recuerda siempre que, cuando Dios obra, una persona que está cerrada a escuchar hoy puede estar completamente abierta a escuchar mañana. Si la persona tiene un encuentro repentino con la muerte, la despiden del trabajo o experimenta alguna otra dificultad o tragedia, puede estar tan abierta a escuchar mañana como estaba cerrada a escuchar hoy. Si una puerta no se abre, eso sigue siendo responsabilidad de Dios, no tuya.

Sí, las puertas cerradas son un problema; pero son su problema, no el tuyo. Déjalas donde Dios las pone: sobre sus hombros. No las cargues sobre los tuyos. Tus hombros nunca fueron diseñados para llevar esa carga.

#30

ASEGÚRATE QUE DIOS SIEMPRE SE LLEVE EL MÉRITO.

No Tú, sino Él

No hay límite en lo mucho que Dios puede usarte si estás seguro que Dios recibe el crédito. Para hacer la obra de Dios, tienes que dejar de lado tu propio orgullo y deseo de reconocimiento. Si no tienes cuidado, puedes dejarte llevar por los aplausos y comentarios de los demás.

Cuando las personas de la iglesia de Corinto comenzaron a aplaudir a un líder de la iglesia en lugar de a otro, Pablo les recordó dos cosas. Primero, todos somos siervos del Dios viviente. "¿Qué, pues, es Pablo, y qué es Apolos? Servidores por medio de los cuales habéis creído; y eso según lo que a cada uno concedió el Señor" (1 Corintios 3:5).

La segunda cosa que les dijo es que Dios, no el hombre, es quien da el crecimiento. Pablo continuó resumiendo lo que sucedió: "Yo planté, Apolos regó; pero el crecimiento lo ha dado Dios" (1 Corintios 3:6). Dios usó a Pablo para iniciar la iglesia y la enseñanza de Apolos para construir sobre lo que Pablo hizo, y la iglesia creció. Fue Dios, no Pablo ni Apolos, quien dio el crecimiento.

Ahora bien, ¿Qué podría haber sucedido si Pablo y Apolos se hubieran concentrado en los comentarios de los corintios? Podrían haber surgido envidias, celos y el ministerio en Corinto podría haber sufrido. En cambio, mantuvieron el enfoque donde debía estar: en Dios.

Simplemente haz lo que Dios te llama a hacer y deja que Dios prospere la obra. Después de todo, Él es quien hace que una obra crezca. Tú eres solo uno de los que Él está usando. Él merece todo el crédito. Los cristianos bien intencionados, pero desafortunadamente no de pensamiento claro, pueden llevarte por un mal camino. Pueden desviar tu atención hacia otra persona que recibió el crédito por una conversión cuando en realidad fuiste tú quien llevó a esa persona a Cristo. Pueden mencionar cómo alguien parece preferir el don de otra persona en el ministerio por sobre el tuyo. Pueden comentar que muy pocos parecen apreciar todo lo que hiciste para ver crecer una obra de Dios. Un amigo puede comentar que no recibiste suficiente reconocimiento por todo lo que hiciste para que el último evento de extensión fuera un éxito. Puedes sentir que tu contribución financiera a un ministerio en el extranjero no fue lo suficientemente aplaudida.

Si no logras mantenerte por encima de eso, Satanás puede causar división, confusión, conflicto, celos y todo el daño que él es conocido por causar. Mantén tu enfoque donde debe estar. En última instancia, Dios es quien da el crecimiento, así que déjale a Él el crédito. Además, el reconocimiento que merecemos, pero no recibimos, Él lo reconocerá en el cielo y nos dará una recompensa eterna.

#31

SI ESTÁS ORANDO POR LA SALVACIÓN DE ALGUIEN, ESPERA QUE SUCEDA.

¿Qué Esperabas?

Algunos pasajes de la Biblia nos pueden recordar mucho a nosotros mismos. En Hechos 12, Pedro fue arrojado a prisión por su fe. Sus hermanos creyentes hicieron lo correcto. Oraron. Hechos 12:5 nos dice: "Así que Pedro estaba custodiado en la cárcel; pero la iglesia hacía sin cesar oración a Dios por él". Dios respondió sus oraciones de una manera milagrosa. Envió un ángel para que le quitara las cadenas a Pedro y lo escoltara fuera de la prisión.

Inmediatamente, Pedro corrió hacia quienes habían orado por él. Hechos 12:12 dice: "Y habiendo considerado esto, llegó a casa de María la madre de Juan, el que tenía por sobrenombre Marcos, donde muchos estaban reunidos orando". Cuando una persona llamada Rode abrió la puerta, estaba tan emocionada que nunca lo recibió. Sorprendida al oír su voz afuera, "corriendo adentro, dio la nueva de que Pedro estaba a la puerta" (Hechos 12:14).

Aquí es donde la cosa se pone interesante. "Y ellos le dijeron: Estás loca. Pero ella aseguraba que así era. Entonces ellos decían: ¡Es su ángel! Mas Pedro persistía en llamar; y cuando abrieron y le vieron, se quedaron atónitos" (Hechos 12:15–16).

Uno hubiera pensado que sus fervientes oraciones eran una indicación de sus expectativas. Después de todo, Él no solo es un Dios que responde a las oraciones; Él es un Dios asombroso que puede hacer todas las cosas "Mucho más abundantemente de lo que pedimos o entendemos" (Efesios 3:20). En cambio, ellos estaban atónitos.

Es difícil criticarlos, ¿No es así? Nos parecemos tanto a ellos. Oras por un pariente perdido, pero albergas dudas de que alguna vez venga a Cristo. Le pides a Dios que nos dé una puerta abierta y te asombras cuando Él nos brinda una oportunidad antes de lo esperado. Le pedimos a Dios que nos dé sabiduría para saber cómo responder a objeciones particulares al evangelio. Experimentas tu respuesta y les decimos a los demás: "No lo podía creer". Incluso en mi experiencia personal, Él ha hecho que venga a mi mente una respuesta que nunca se me hubiera ocurrido por mi cuenta. Le he pedido a Dios los fondos necesarios para una campaña evangelística y luego me sorprendí cuando Él proveyó más de lo que se necesitaba. En las iglesias, oras para que haya una gran respuesta a un mensaje evangelístico, pero no te preparas para dar seguimiento con aquellos que responden. Parece que estás orando, pero no esperas una respuesta.

¿Estás orando para que llueva? Lleva un paraguas. ¿Estás orando para evangelizar? Espera resultados. En lugar de asombrarte, dirás: "Justo lo que esperaba".

#32

DIOS PUEDE USARTE CUANDO NO ESTÁS VIVIENDO PARA ÉL, PERO PUEDE USARTE MÁS CUANDO LO HACES.

Una Flecha Torcida

Nunca he olvidado la mirada confusa en su rostro. Un amigo me contó que un pastor reconocido en su ciudad acababa de confesar que había tenido un romance de larga duración fuera de su matrimonio. El pastor era una persona respetada por tener un corazón para los no creyentes. La iglesia estaba llena de personas a las que él personalmente había guiado a Cristo. Mi amigo quería saber cómo Dios podía usar a una persona que está viviendo en adulterio.

Le transmití una verdad usando las mismas palabras que escuché usar a otro orador: "Dios puede usar una flecha torcida para alcanzar su objetivo". ¡Bien dicho! Dios puede obrar a pesar de ti y lo ha hecho. Dios puede usar una "flecha torcida". Sin embargo, esa no es la forma en que Él prefiere trabajar. Además, aunque Él puede usarte mientras vives en pecado, pero tu pecado te limita severamente. Nadie que vive en desobediencia flagrante experimenta la capacitación de Dios en el grado más completo posible. La vida de la persona puede ser el canal para la bendición del Señor; pero ese canal tiene un considerable bloqueo que impide el flujo ininterrumpido del Espíritu Santo.

En el evangelismo, el Salmo 19:12-14 debe ser tu oración. El salmista le pide a Dios:

¿Quién podrá entender sus propios errores?Líbrame de los que me son ocultos. Preserva también a tu siervo de las soberbias; Que no se enseñoreen de mí;
Entonces seré íntegro, y estaré limpio de gran rebelión.
Sean gratos los dichos de mi boca y la meditación de mi corazón delante de ti,
Oh Jehová, roca mía, y redentor mío.

El salmista quiere ser liberado tanto de las faltas ocultas como de los pecados de presunción. Clama a aquel que es su roca, aquel que lo ha librado de la esclavitud del pecado. Su deseo es que todo lo que dice y todo lo que desea sea aceptable a los ojos de Dios.

La Escritura y la experiencia verifican el poder que puede obrar Dios a través de una persona que en cada área de su vida dice no al pecado y si a Dios. Él puede usar y usa a aquellos cuyos corazones no están bien con Él. Pero no le ofrezcas a Dios una flecha torcida. Dale lo que Él desea usar: una flecha recta. Dale una vida que en cada área busque obedecerlo y conocerlo. Ese es el tipo de vida que tiene el mayor impacto en los no creyentes.

#33

A DIOS LE AGRADA CUANDO LE CUENTAS LAS LUCHAS QUE TIENES CON ÉL.

Dile cómo te Sientes

En general, y en el evangelismo en particular, la vida cristiana te presenta muchas frustraciones. ¿Por qué, cuando intentas hacer lo correcto, luchas para llegar a fin de mes? Sin embargo, los malvados, que son tan engañosos, parecen prosperar más allá de lo imaginable. ¿Por qué hay más cosas que van mal que bien, cuando después de años de desobediencia, finalmente has logrado ponerte de acuerdo con el Señor? ¿Por qué Dios no abre el corazón de un amigo moribundo por quien hemos orado durante años? ¿Por qué siempre parece que me encuentro con personas que están tan cerradas al evangelio mientras que otros se encuentran con personas que están tan abiertas? ¿Por qué no me usa de la misma manera en que parece usar a los demás?

Cuando esos pensamientos y frustraciones te asalten, deberías hacer lo que hizo Job en la Biblia: decirle a Dios exactamente cómo te sientes, sin guardarte nada. Puede que tengas que andar con pies de plomo con los demás, pero no tienes por qué hacerlo con Dios.

En cuestión de días, el mundo entero de Job se puso patas arriba. Su familia, sus posesiones, su salud, todo lo perdió. Incluso sus amigos más cercanos resultaron ser sus peores enemigos, pues le dieron consejos patéticos. Lo animaron a examinar el pecado en su propia vida cuando Dios había elogiado claramente su vida recta (Job 1:8; 2:3).

Job se sentó delante del Señor y le dijo todo. Un solo versículo capta la crudeza de su corazón:

> *Por tanto, no refrenaré mi boca;*
> *hablaré en la angustia de mi espíritu,*
> *Y me quejaré con la amargura de mi alma.*
> *(Job 7:11)*

¿Qué hizo Dios? No le dijo a Job lo decepcionado que estaba de él ni lo patético que era. Ni siquiera lo amenazó con castigarlo por haber dicho o sentido lo que afirmaba. Dios le dio tiempo para que trabajara sus emociones, reconociera la soberanía de Dios y reconsiderara los pensamientos que había tenido. Luego elogió a Job por decir "lo que es correcto" y reprendió a sus amigos por sus consejos falsos (Job 42:7-8). Dios estaba claramente complacido con la honestidad e integridad del corazón de Job.

Dios quiere escuchar tu frustración y tus agonías mientras evangelizas. Después de todo, ¿por qué ocultarle lo que Él ya sabe?

La próxima vez que te sientas decepcionado e incluso amargado por cualquier motivo, díselo. Hazle saber dónde estás luchando y por qué. Su oído está escuchando. Su corazón se preocupa. Él no borró a Job del mapa por decirle cómo se sentía y tampoco lo hará contigo.

PREPARA TU CORAZÓN PARA COMPARTIR EL EVANGELIO

#34

TU ACTITUD, NO TU CAPACIDAD DE DISCUTIR, ES LO QUE LOGRA MÁS.

Algo Mejor que Discutir

Una de las razones más comunes por las que los creyentes de hoy no evangelizan es que temen no poder responder objeciones o refutar argumentos. Esta lógica equipara ganar una discusión con evangelizar. Con ese tipo de pensamiento, los cristianos asumen que necesitan la habilidad de un abogado y el ingenio del polemista para evangelizar.

La Biblia advierte contra ese pensamiento. En su carta a Timoteo, Pablo le aconseja cómo responder a alguien que rechaza su mensaje. Él advierte:

> *Pero desecha las cuestiones necias e insensatas, sabiendo que engendran contiendas. Porque el siervo del Señor no debe ser contencioso, sino amable para con todos, apto para enseñar, sufrido; que con mansedumbre corrija a los que se oponen, por si quizá Dios les conceda que se arrepientan para conocer la verdad. (2 Timoteo 2:23-25)*

Una actitud humilde, no un argumento hostil, gana a un oponente.

Las personas no son llevadas a Cristo a través de un sistema de lógica, la articulación de un argumento o el poder de persuasión. Son llevadas a Cristo cuando el Espíritu Santo toma la verdad del evangelio, la lleva a sus corazones y hace que vengan a Dios por fe. Son llevadas a Cristo a través de lo que 1 Corintios 2:4 llama la "demostración del Espíritu y de poder". Eso significa literalmente el poder probador del Espíritu Santo.

El tiempo antes de la salvación puede ser uno de inmensa lucha para los no creyentes. Satanás no abandona fácilmente una pelea. Efesios 2:1–3 declara que los no creyentes están tan esclavizados por Satanás, que sólo pueden hacer y responder como él lo indique. Por lo tanto, los no creyentes necesitan tu paciencia, no tus argumentos. Muchos nuevos creyentes han testificado que una de las peores batallas en sus vidas tuvo lugar momentos antes de venir a Cristo. Dios deseaba salvarlos, pero Satanás deseaba guardarlos. Por ejemplo, sé de un hombre que, justo antes de retenerlos, estaba frustrado e irritado por la inquietud causada por el Espíritu Santo. Mientras interactuaba con el amigo de Cristian y sacaba sus frustraciones sobre él, el creyente respondió: "Entiendo, solo aguanta y gradualmente tendrá sentido para ti". El nuevo creyente me dijo: "Fue su paciencia y actitud comprensiva lo que llamó mi atención".

Las personas que Dios usa para ganar a los no creyentes no son aquellas que pueden ganar argumentos y ser más astutas que ellos. Son personas que permiten que el Espíritu Santo hable a través de su actitud humilde.

#35

CONOCE CÓMO RESPONDER CUANDO SATANÁS TE INTIMIDA.

El Maestro Intimidador

Satanás merece un lugar en el Libro Guinness de los Récords Mundiales por su capacidad de intimidar. Él es el mejor absoluto. Nadie lo supera. Escucha algunos de sus dispositivos de intimidación. Probablemente los haya probado contigo.

- "No tienes por qué compartir a Cristo. Tu vida está muy lejos de lo que debería ser".
- "¿Recuerdas la última vez que trataste de evangelizar? Fracasaste miserablemente".
- "Te van a hacer preguntas que no puedes responder. Entonces, ¿Qué vas a hacer?"
- "Todo el mundo sabe qué mal genio tienes. Realmente van a quedar impresionados cuando les digas que eres cristiano".
- "Sigue adelante y habla de Cristo, siempre y cuando no te importe perder a uno de los mejores amigos que hayas tenido".
- "Qué manera de perder el tiempo. Tú sabes tan bien como cualquiera que ella no está interesada".

Pero desecha las cuestiones necias e insensatas, sabiendo que engendran contiendas Porque el siervo del Señor no debe ser contencioso, sino amable para con todos, apto para enseñar, sufrido; que con mansedumbre corrija a los que se oponen, por si quizá Dios les conceda que se arrepientan para conocer la verdad.

Di a Satanás lo mismo que Cristo hizo en Marcos 8:33, "¡Quítate de delante de mí, Satanás! Porque no pones la mira en las cosas de Dios, sino en las de los hombres". Cuando Cristo predijo su muerte y resurrección, a Pedro le resultó difícil aceptarlo. Pedro reprendió al Salvador por sus palabras. Cristo sabía que esos pensamientos venían de Satanás, no de Pedro, porque su muerte y resurrección eran parte del plan de Dios. Satanás puso los deseos de los hombres en la mente de Pedro, no los deseos de Dios.

Cuando Satanás te intimida en el evangelismo, está haciendo algo similar, haciendo que te concentres en lo que los hombres desean, no en lo que Dios desea. Satanás está expresando lo que está en su mente, no lo que está en la mente de Dios. Dile a Satanás: "Apártate de mí. Tus pensamientos son los pensamientos de los hombres, no de Dios". Tu vida puede no ser lo que debería ser, pero Dios usa instrumentos imperfectos. Puedes fallar miserablemente, pero puedes responder, no es pecado decir: "No lo sé". Siempre valora tus amistades, pero aprende de tus errores. Si te hacen preguntas, que no puedes responder, no es pecado decir: "No lo sé". Siempre valora tus amistades, pero la verdadera amistad significa que estás aún más preocupado de que conozcan a Cristo. Pueden parecer desinteresados, pero sigue adelante y habla con ellos. Puede que te sorprendas.

Reconoce la intimidación por lo que es Satanás por lo que hace. Sé rápido para decirle: "Apártate de mí, Satanás. Voy a evangelizar. Hablo acerca de lo que Dios desea, no de lo que tú deseas". Después de todo, tú eres un discípulo de Cristo, no un discípulo de Satanás. Sigue al Maestro, no al maestro intimidador.

#36

UNA ACTITUD DEFENSIVA TE IMPEDIRÁ SER UN MEJOR TESTIGO.

El Retroceso Ayuda

Déjame hacerte una pregunta, pero sé tan honesto como puedas, respondiendo de la manera en que alguien que te conoce respondería por ti. Si alguien tiene una sugerencia sobre un área donde puedes mejorar en el evangelismo, ¿Cómo recibirías su sugerencia? Si la respuesta es por tu refutación, pierdes. Si tu respuesta es por receptividad, ganas.

¿Por qué? Porque el rechazo o la retroalimentación en el evangelismo solo pueden hacerte un mejor testigo de Cristo. A menudo, lo que alguien tiene para ofrecer es válido y útil. Incluso si están equivocados por alguna razón en el retroceso que dan, aún es prudente considerarlo. Un aspecto de lo que están diciendo podría tener algún mérito. Si su rechazo no es válido, entonces al menos sabes por qué lo estás descartando.

Proverbios contiene consejos que pueden parecerte bastante contundentes, pero Dios en su palabra a veces habla sin rodeos porque Él ama profundamente. Proverbios 12:1 dice: "El que ama la instrucción ama la sabiduría; Mas el que aborrece la reprensión es ignorante". Lo leíste correctamente. ¡La Biblia describe a cierto tipo de persona como ignorante!

Una persona sabia conoce el valor de la disciplina y la instrucción. Por lo tanto, una persona que no recibe bien tal instrucción o reprimenda es ignorante. No se ha beneficiado en lo más mínimo de lo que alguien tiene que decir. Ha perdido la oportunidad de aprender y crecer. En realidad, se ha hecho un gran daño.

Piensa en un área de evangelismo donde la gente podría ofrecerte sugerencias. ¡Tal vez trates de convertir una conversación en cosas espirituales demasiado rápido o demasiado lento! Tal vez algo sobre tu comportamiento hace que la gente se pregunte si realmente te preocupas por ellos. ¿Podría ser que eres demasiado impaciente cuando alguien no está de acuerdo contigo? ¿La ira por su condición perdida se manifiesta claramente, en lugar de la compasión? Sea lo que sea, no te pongas a la defensiva. Podrías pasar por alto la instrucción que mejoraría tus habilidades evangelísticas. Recibir instrucción sin estar a la defensiva te ayuda a convertirte en un mejor testigo de Cristo.

Recuerda algo crítico: una persona que te critica está criticando algo sobre tu idea o enfoque, no te está criticando como persona. Así como te gusta dar ideas a alguien que le ayudará a mejorar, ellos están tratando de hacer lo mismo.

Entonces, cuando alguien te ofrezca retroalimentación sobre cualquier cosa que estás haciendo en el evangelismo (o en cualquier área), no respondas: "Pero espera un minuto". En su lugar, di: "Gracias". De una forma u otra, serás un mejor testigo de Cristo gracias a ello.

#37

TUS ERRORES PASADOS NO NECESITAN DETENERTE EN EL EVANGELISMO.

El Pasado Quedó Atrás

He descubierto que muchos creyentes sinceros quieren ser testigos más fuertes para Cristo. Quieren compartir las buenas noticias con coherencia, pero a menudo se atormentan con cosas relacionadas con su pasado. Puede ser el desastre que hicieron en sus vidas antes de venir a Cristo, o puede ser los errores que han cometido al hablar con otros acerca de Cristo cuando sienten que manejaron mal las conversaciones.

La idea de la evangelización trae dudas: "¿Qué pensaría esta persona si me conociera como Dios me conoce?" "¿Qué pasaría si supiera tanto de mi lado malo como de mi lado bueno?" "¿Voy a arruinar esta oportunidad de evangelizar como lo he hecho antes?"

Hay un problema con esa forma de pensar. Representa un fracaso en dejar el pasado donde Dios lo puso, detrás de ti. La Biblia lo llama al perdón.

Esa es una de las razones por las que me encanta el Salmo 103:12: "Cuanto está lejos el oriente del occidente, hizo alejar de nosotros nuestras rebeliones". El oriente y el occidente nunca se encuentran. Dios promete que nunca nos reencontraremos con nuestros pecados. Si mis pecados no están en Su mente, tampoco tienen por qué estar en la mía. Todas las veces que he cometido errores, ya sea en mi vida diaria o en mis intentos de compartir el evangelio, son cosa del pasado. No podrían estar más alejadas de Su mente.

Así que puede que hayas cometido un error de gran magnitud en tu vida cristiana. No hay mejor persona para hablar con un no creyente sobre el perdón que tú, que ya lo has experimentado. Claro, todavía pecas y cometes errores, pero no eres una persona perfecta que habla con un no creyente. Eres un pecador salvo por gracia que le señala al Redentor que lo puede salvar y perdonar. La cuestión no es lo imperfecto que has sido, sino lo perfecto que es Él.

Para animarte, ponte en el lugar de los no creyentes. ¿No significaría mucho para ti saber que el que te habla ha fallado numerosas veces? Sin embargo, aquí está, viviendo en el gozo del perdón que quiere que experimentes. Estás viviendo el perdón, no solo hablando de él.

Sigue adelante y evangeliza. Haz cometido errores y los vas a seguir cometiendo. Vive en el espíritu del perdón, deja los errores donde ya están, atrás, y proclama el evangelio.

#38

ES FUNDAMENTAL SABER MANEJAR LAS TENTACIONES AL EVANGELIZAR.

Él ha Estado en esa Posición

Precaución. La evangelización puede ser peligrosa. Entre otras cosas, puede llevar a la tentación. Por ejemplo, si testificamos a una persona del sexo opuesto, lo que comienza siendo puro podría terminar en algo impuro—una relación inmoral que nunca fue intencional. Si compartimos el evangelio a alguien que tiene los medios para comprar lo que desea, no solo lo que necesita, la tentación de perseguir cosas materiales podría superar el deseo de buscar a los no creyentes. Pablo escribió a Timoteo acerca de otro creyente, Demas, quien se dejó llevar por las lujosas viviendas de los ricos en Roma. Pablo explicó, "Porque Demas me ha desamparado, amando este mundo presente" (2 Timoteo 4:10). Si no tenemos cuidado, lo mismo podría decirse de nosotros.

Lidiar con la tentación es aterrador; pero no tenemos que enfrentarla solos. Jesús ha estado en esa posición. Hebreos 4:15 dice:

"Porque no tenemos un sumo sacerdote que no pueda compadecerse de nuestras debilidades, sino uno que fue tentado en todo según nuestra semejanza, pero sin pecado".

Como Jesús, mientras caminaba en la tierra, era completamente Dios y completamente humano, experimentó tentaciones en cada área de la vida como nosotros. Sus tentaciones pueden no haber venido de deseos pecaminosos como las nuestras; pero Satanás hizo su mayor esfuerzo por desmantelar a Jesús. Habiendo enfrentado los mejores intentos de Satanás para invalidarlo, Jesús puede compadecerse. Él entiende lo que estamos atravesando. Como nuestro Sumo Sacerdote, Cristo ahora se sienta a la diestra de Dios (Hebreos 1:3), listo para ministrar en nuestro favor.

¿Quién mejor para hablar cuando somos tentados que Él? Hebreos 4 continúa: "Acerquémonos, pues, confiadamente al trono de la gracia, para alcanzar misericordia y hallar gracia para el oportuno socorro" (v. 16).

Acércate a Él en oración y encuentra un recurso ilimitado de lo que necesites. ¿Estás tentado a alterar tus prioridades? Habla con Él. Él ha estado ahí. ¿Estás tentado a ser inmoral? Habla con Él. Él conoce el dolor y la seriedad de la tentación. ¿Tentado hacia pensamientos equivocados? Habla con Él. Él comprende tu lucha. ¿Has cedido a la tentación? Habla con Él. En Su misericordia, retendrá lo que mereces y en Su gracia, te dará lo que no mereces. Su provisión de misericordia y gracia está disponible siempre y en el momento que la necesitemos.

Cualquiera que sea la tentación que enfrentes, no camines al trono de la gracia. Corre hacia Él. Habla confiadamente con Él sobre lo que necesitas.

#39

CONFRONTA A SATANÁS EN EL EVANGELISMO; NO HUYAS DE ÉL.

Prepárate para la Batalla

¿Quieres enfurecer a Satanás y hacerlo perder los estribos? Haz algo relacionado con el evangelismo. Nota que no estoy diciendo que solo ores por oportunidades en evangelismo. Aunque la oración es esencial, lo que realmente lo perturba es cuando actúas sobre esas oraciones y tomas acción. Al evangelizar, estás atacando directamente su reino. Si la persona a la que le compartes el evangelio decide confiar en Cristo, será transferida instantáneamente del reino de las tinieblas al reino de la luz (Colosenses 1:13).

Por eso, cuando los miembros de las iglesias evangelizan, se enfrentan a una oposición satánica que puede presentarse en forma de tentación, desánimo, miedo, puertas cerradas u obstáculos físicos de uno u otro tipo. Los obstáculos que Satanás utiliza son numerosos. Satanás detesta absolutamente a las personas que quieren ser un fuerte testigo de Cristo en sus familias, sus vecinos, en sus lugares de trabajo o dondequiera que vayan.

¿Qué puede hacer el creyente? Seguir el consejo que da Santiago. Hablando a creyentes que viven más cerca del mundo que de Cristo, Santiago ofrece el mismo antídoto que necesitamos cuando Satanás intenta frustrar el evangelismo: "Resistid al diablo, y huirá de vosotros" (Santiago 4:7).

Toma una postura firme contra el diablo. Cómo se verá esa postura dependerá de la situación. No importa qué tentación utilice Satanás, siempre hay una salida (1 Corintios 10:13). Nunca eres víctima de sus artimañas. Si usa el desánimo, llena tu mente con las cosas buenas que has visto suceder mientras evangelizas (Filipenses 4:8). Si el enemigo usa el miedo, reconoce el poder de la oración y haz lo que hizo el apóstol Pablo: pide a Dios valentía (Efesios 6:19–20). Si provoca burlas, considéralo un honor sufrir por la causa de Cristo (Filipenses 1:29). Si provoca resentimiento, pide a Dios que te ayude a perdonar a los resentidos tal como Él te perdonó a ti (Colosenses 3:13).

Cuando te enfrentas a Satanás, no lo haces con tus propias fuerzas, sino con la de Dios. Recuerda esta promesa, "Mayor es el que está en vosotros, que el que está en el mundo" (1 Juan 4:4).

Así que, en lugar de huir de Satanás o de los obstáculos que él pone en tu camino, enfréntate y prepárate para la batalla. Mantente firme, y deja que sea él quien huya de ti.

#40

SABER CÓMO MANEJAR CUALQUIER LUCHA ACERCA DE TU PROPIA SALVACIÓN ES FUNDAMENTAL PARA EVANGELIZAR.

Las Luchas son Beneficiosas

Las luchas son difíciles, pero a veces son beneficiosas. Una persona que conozco luchó contra un cáncer de garganta. Por horrible que fuera, me dijo: "Me hizo una persona más compasiva".

Por un lado, no hay nada peor que luchar por tu salvación. Entre otras cosas, ¿cómo hablar con alguien sobre su salvación si no estás seguro de la tuya? Al mismo tiempo, responder a esas luchas de manera adecuada puede ser la cosa espiritualmente más saludable que hayas hecho en tu vida. Al responder correctamente, tal vez te des cuenta de por qué puedes estar tan seguro de tu destino futuro (el cielo) como lo estás de tu destino actual. También te ayudará a ayudar a los demás.

Empecemos por aquí. ¿Sobre qué base Dios garantiza tu salvación? La respuesta bíblica es: "¿Has confiado en Cristo?" En Juan 6:47 Cristo declaró: "De cierto, de cierto os digo: el que cree en mí, tiene vida eterna". Creer tiene la idea de confianza, dependencia y seguridad. Tenemos que acercarnos a Dios como pecadores y reconocer que hace dos mil años Jesucristo pagó por nuestros pecados al morir como nuestro sustituto. Al tercer día resucitó. Cuando ponemos nuestra confianza solo en Cristo para salvarnos, Él nos da el regalo completamente gratuito de la vida eterna. Él te da lo que promete darte en el momento en que confías en Cristo.

Entonces la pregunta es: "¿Estás confiando solo en Cristo como tu único camino al cielo?" No es cuándo o dónde tomaste una decisión lo que importa. Algunos saben la fecha, otros no. Lo importante es que estás confiando en Cristo y solo en Cristo como tu único camino a la vida eterna, siendo tu único medio para estar en una posición correcta con Dios.

Pero si abordamos esa lucha de la manera incorrecta, solo nos confundiremos. Por ejemplo, algunos preguntan: "¿Soy tan amoroso como necesito ser?" "¿Cómo es mi vida de oración?" "¿Siempre actúo como un cristiano?" La seguridad de la salvación no se basa en tu desempeño. Se basa en el desempeño de Él cuando murió como tu sustituto. Eres salvo porque aceptaste Su sacrificio en tu nombre. Todo lo demás es parte de crecer como cristiano, no de convertirse en cristiano.

Cuando tenga problemas con su salvación, permita que esos problemas sean de beneficio. Determine si es salvo y por qué, desde una perspectiva bíblica. Su lucha con su salvación se convertirá en algo del pasado. Una vez que haya resuelto su propia lucha en esta área, podrá ayudar a otros a resolver las suyas.

#41

VIVIR UNA VIDA ADECUADA ANTE LOS NO CREYENTES NO ES SUFICIENTE.

Muéstrales, pero no Olvides Compartir

Este dicho común se ha atribuido a diferentes personas: "Da testimonio a todos los que puedas; si es necesario, usa palabras". Aunque tiene buenas intenciones, el dicho no tiene respaldo bíblico ni práctico.

Seguro, tu vida debe atraer a las personas al Salvador, pero alguien tiene que hablarles. Por eso la Biblia nos dice que seamos testigos. Hechos 1:8 dice: "Pero recibiréis poder, cuando haya venido sobre vosotros el Espíritu Santo, y me seréis testigos en Jerusalén, en toda Judea, en Samaria, y hasta lo último de la tierra". Un testigo es alguien que cuenta lo que sabe, lo que ha experimentado personalmente. ¿Cómo puedes decirle a alguien lo que sabes sin hablar de ello?

Ahora piensa en ello desde un nivel puramente práctico. Puede que vivas la vida más parecida a la de Cristo que cualquier otra persona en el planeta. Puedo mirarte mientras vives esa vida. Pero mientras te miro, no tengo idea de cómo llegar a Cristo. Sí, he notado algo diferente en ti, pero todavía no sé cómo alcanzar ese algo por mí mismo. A menos que alguien me explique que 1) soy un pecador que merece estar eternamente separado de Dios, 2) Cristo murió por mí y resucitó, y 3) tengo que confiar solo en Cristo para salvarme, no tengo idea de cómo llegar a Cristo.

¿Quién puede verse tentado a usar ese dicho sobre testificar? Dos personas. La primera es alguien que está preocupado por que los cristianos vivan la vida que deberían, una vida que haga que otros digan: "Lo que el/ella tiene, yo lo quiero". Si bien esa preocupación es válida, debemos tener cuidado de no responder diciendo algo que no tenga una verdad bíblica o práctica.

Una segunda persona sería la que tiene miedo de hablar a otros sobre Cristo. Ese temor puede ser el temor de no saber cómo llevar una conversación a temas espirituales, el temor de no saber cómo presentar el evangelio, el temor de no saber cómo responder a las objeciones, o el temor al rechazo. Tal afirmación, intencional o involuntariamente, se convierte en una excusa detrás de la cual una persona se esconde para eludir la responsabilidad.

Aprenda a evangelizar y no habrá necesidad de usar tal afirmación. Tendrá confianza para hablar con los no creyentes y querrá compartir con ellos el mensaje más importante de la Biblia: la salvación por gracia mediante la fe.

No hay mejor combinación en el evangelismo que mostrar y compartir. Muéstreles a Cristo y compártalo con ellos.

#42

LA CAPACIDAD DE ESCUCHAR ES MÁS IMPORTANTE QUE LA CAPACIDAD DE HABLAR.

¿Estás Escuchando?

Lee el libro de Proverbios. Mientras lo haces, observa cuántas veces enfatiza que las personas sabias escuchan.

> *"Oirá el sabio, y aumentará el saber". (1:5)*
> *"Oye, hijo mío, la instrucción de tu padre". (1:8)*
> *"Mas el que me oyere, habitará confiadamente". (1:33)*
> *"Atento tu oído a la sabiduría". (2:2)*
> *"Oíd, hijos, la enseñanza de un padre". (4:1)*
> *"Oye, hijo mío, y recibe mis razones". (4:10)*
> *"Hijo mío, está atento a mis palabras; Inclina tu oído a mis razones". (4:20)*

Una y otra vez, en Proverbios se escucha un grito: ¡Escucha! ¡Escucha! ¡Escucha!

En el evangelismo, escuchar es clave. Es seguro decir que el oído importa más que la lengua.

¿Qué hace escuchar? Te muestra cómo dirigir una conversación hacia temas espirituales. Al hablar de temas como sus familias, trabajos y antecedentes, encuentras puntos en los que te puedes relacionar con ellos y construir un puente personalizado hacia el evangelio. Por ejemplo, pueden hablar sobre sus vacaciones familiares en parques nacionales y toda la belleza que disfrutaron.

Eso te da la oportunidad de comentar: "Soy como tú. Me gusta la naturaleza. Cuanto más miro la creación, más convencido estoy de que debe haber un Creador". Al escuchar nuevamente su respuesta, puedes detectar cualquier interés en temas espirituales, pero es ellos quienes hablan y tú escuchas lo que presenta posibles aperturas a asuntos espirituales. Es el oído el que te enseña qué decir.

Las personas a menudo llegan a Cristo en medio de una crisis, algo que genera sentimientos de dolor, decepción o inseguridad. Puede ser la pérdida de un cónyuge, un empleo, su salud o sus finanzas. Escuchar, no hablar, puede ayudarte a detectar dónde y cómo están sufriendo. Escuchar también les muestra que te importan. Las personas que están heridas necesitan a alguien que escuche más que a alguien que hable. Los minutos que pasas escuchando ministran mucho más que los minutos que pasas hablando.

Escuchar también te enseña qué tan rápido proceder. Al hacerles preguntas, determinas dónde están espiritualmente y qué reservas u objeciones pueden tener sobre el evangelio. Incluso si el tiempo y las circunstancias no permiten presentar el evangelio, tu escucha puede decirte por dónde empezar la próxima vez e incluso cómo orar por ellos mientras tanto.

¡Escucha! Los que son efectivos en la evangelización no son los que han desarrollado el arte de usar su lengua, sino los que han desarrollado el arte de usar sus oídos.

#43

APRENDE DE OTROS QUE HAN DESARROLLADO HABILIDADES QUE PODRÍAN SER ÚTILES PARA TI.

No descartes a alguien que viajó antes que tú

Piense en áreas de su vida en las que haya crecido más. Ahora piense en personas específicas que lo ayudaron a crecer en esas áreas. ¿Quiénes eran? ¿Cuál era el común denominador entre ellos? Es probable que hayan sido personas que recorrieron el camino antes que usted, pasaron por experiencias similares y aprendieron lo que usted está aprendiendo ahora.

El mismo principio se aplica en el evangelismo. Una de las formas en que desarrolla sus habilidades es aprendiendo de alguien con el don de evangelismo que ya ha desarrollado sus habilidades. Una persona con el don de evangelismo tiene la capacidad no solo de presentar el evangelio, sino también de equipar a otros para que hagan lo mismo. Por eso, en Efesios 4:11-12 se nos dice: "Y él mismo constituyó a unos, apóstoles; a otros, profetas; a otros, evangelistas; a otros, pastores y maestros, a fin de perfeccionar a los santos para la obra del ministerio, para la edificación del cuerpo de Cristo".

Pero quien te enseñe a alcanzar a otros no tiene por qué ser necesariamente una persona dotada para el evangelismo. Proverbios 27:17 dice: "Hierro con hierro se aguza; Y así el hombre aguza el rostro de su amigo". Cuando dos personas interactúan entre sí, crecen juntas y agudizan sus habilidades. Aunque buscar el desarrollo de alguien con el don del evangelismo es una opción, no te limites. Tal vez conozcas a alguien que no afirma tener ese don, pero parece tener más confianza en el evangelismo que tú. Sin duda, ha aprendido algunas cosas a lo largo del camino que le han ayudado mucho. Deja que te enseñe lo que la experiencia le ha enseñado.

Tampoco te detengas ahí. "El hierro con hierro se afila" puede tener una amplia gama de posibilidades. Tal vez usted conozca a alguien que se dedica a las ventas y es bueno para conocer a extraños, iniciar conversaciones y presentar sus productos. ¿Qué hay en sus palabras y su comportamiento que hacen que una persona se sienta relajada y ansiosa por compartir? ¿Qué hay en la forma en que se acerca a las personas que le hace sentir como si hubiera conocido a un amigo? ¿Qué hay en su forma de hablar que le hace sentir libre para hacer preguntas? Cualquier observación que haya hecho al observar a otras personas interactuar podría serle útil para la evangelización.

En la presentación del evangelio intervienen más de una habilidad. Estas se relacionan con desarrollar una buena relación, cambiar el rumbo de las conversaciones, relajar los temores y mostrar preocupación por los demás. Cuando alguien desarrolla habilidades que podrían ser beneficiosas para usted en la evangelización de los no creyentes, permita que sus fortalezas se conviertan en las suyas.

#44

LAS PERSONAS IMPORTAN MUCHO MÁS QUE LAS POSESIONES.

Se Trata de Quién, no de qué

A menudo me preguntan: "¿Cómo me ayuda el evangelismo a mantenerme centrado en alcanzar a las personas perdidas?" Hay más de una respuesta a esa pregunta; pero también hay otro factor que pasamos por alto con demasiada facilidad.

Una de las cosas que les digo a las personas es que cuando salten de la cama por la mañana, recuerden un principio simple: las posesiones pasan, las personas perduran. Todos enfrentamos la eternidad ya sea con Dios o sin Dios. Aquellos que están con Dios experimentan la vida eterna, un gozo que no se puede exagerar. Aquellos separados de Dios experimentan la condenación eterna, un tormento que a menudo se subestima. Juan 3:36 explica: "El que cree en el Hijo tiene vida eterna; pero el que rehúsa creer en el Hijo no verá la vida, sino que la ira de Dios está sobre él".

El materialismo a menudo nos impide priorizar la evangelización e incluso utilizar nuestros recursos para Cristo. Sutilmente se nos acerca y toma el control de nuestras vidas. Nos centramos demasiado en el aquí y ahora. Los bienes y aparatos, artículos de lujo de un tipo u otro en su lugar correcto no son inherentemente malos. En el lugar equivocado tienen prioridad sobre las personas. Nuestro tiempo, energía, actitudes y recursos se destinan a todas las cosas que dentro de cien años ni siquiera importarán.

Segunda de Pedro 3:10–12 nos mantiene en el buen camino. Leemos:

> *Pero el día del Señor vendrá como ladrón en la noche; en el cual los cielos pasarán con grande estruendo, y los elementos ardiendo serán deshechos, y la tierra y las obras que en ella hay serán quemadas. Puesto que todas estas cosas han de ser deshechas, ¡cómo no debéis vosotros andar en santa y piadosa manera de vivir, esperando y apresurándoos para la venida del día de Dios, en el cual los cielos, encendiéndose, serán deshechos, y los elementos, siendo quemados, se fundirán!*

Cuando el Señor regrese, "los cielos pasarán con grande estruendo, y los elementos ardiendo se derretirán". Todo se ha ido. Sólo las personas perdurarán. El texto pregunta: "¿Cómo debemos ser en santa conducta y en piedad?" Un aspecto de la piedad es compartir Su amor por los no creyentes y Su buena noticia con ellos. Es ser un pescador de hombres (Mateo 4:19). Si vienen a Cristo, estarán allí con nosotros. Si no lo hacen, sufrirán la separación eterna de Él.

Recuerde: *las posesiones pasan, las personas perduran.*

#45

LO QUE MÁS NECESITA TU ENEMIGO DE TI SON LAS BUENAS NOTICIAS DEL EVANGELIO.

El Mejor Trato para un Enemigo

Un creyente me dijo una vez: "Realmente no quiero compartirle el evangelio a un enemigo. Realmente no me importa si se va al infierno". Hablaba con franqueza de alguien que lo había tratado con odio. Pero luego agregó algo que hablaba en voz alta de su carácter, o debería decir, de su obediencia: "Pero lo voy a hacer porque me doy cuenta de que necesita a Cristo. Además, eso es lo que Dios quiere que haga".

Dar testimonio a quienes te agradan es relativamente fácil. Dar testimonio a quienes no te agradan es a menudo difícil.

Eso es precisamente lo que debemos hacer. Jesús dijo:

> *Oísteis que fue dicho: Amarás a tu prójimo, y aborrecerás a tu enemigo. Pero yo os digo: Amad a vuestros enemigos, bendecid a los que os maldicen, haced bien a los que os aborrecen, y orad por los que os ultrajan y os persiguen; (Mateo 5:43-44)*

Los escribas y fariseos discriminaban al amar a los demás, pero Jesús no enseñó a odiar a los enemigos como lo hacían ellos. Cristo enseñó que una de las maneras en que más nos asemejamos a Dios es cuando amamos "a todo aquel". Al hacerlo, "seréis hijos de vuestro Padre celestial, que hace salir su sol sobre malos y buenos, y llover sobre justos e injustos" (v. 45). Si el amor de Dios no tiene límites, el nuestro tampoco debería tenerlos.

Teniendo esto en mente, ¿cuál es la mejor manera en que podemos amar a nuestros enemigos? La respuesta es compartirles las buenas noticias del evangelio.

¿Por qué ese tipo de amor nos hace más parecidos a Cristo? Amamos a las personas que no merecen nuestro amor, así como nosotros no merecíamos el de Él. La Biblia incluso dice que, separados de Cristo, somos Sus "enemigos". Romanos 5:10 nos dice: " Porque si siendo enemigos, fuimos reconciliados con Dios por la muerte de su Hijo, mucho más, estando reconciliados, seremos salvos por su vida". Así que, si Dios nos amó cuando éramos sus enemigos, somos obedientes y semejantes a Cristo cuando amamos a quienes consideramos nuestros enemigos. Los amamos en su condición, tal como Dios nos amó cuando estábamos en la misma condición.

Dios nos dio lo que no merecemos: una invitación a la vida eterna. Incluso si se trata de alguien a quien consideras tu enemigo, ve y haz lo mismo (Lucas 10:37). Es lo que se debe hacer basados en la obediencia y es lo mejor que puedes hacer por esa persona.

#46

INVIERTA FINANCIERAMENTE EN EL EVANGELISMO, LUEGO DEJE QUE SU CORAZÓN SIGA A SU DINERO.

El Dinero Importa

Los creyentes comprometidos quieren mantenerse en el buen camino en el evangelismo. No quieren perder su enfoque en los no creyentes. Desean una pasión cada vez mayor por difundir las buenas nuevas del evangelio. Lo que a menudo pasan por alto es que hay una cosa simple que los ayudará en esa área: el dinero.

Nadie lo entendió mejor que Cristo; ni nadie lo dijo de manera más clara. Al hablar sobre la necesidad de acumular tesoros que duren en lugar de tesoros que pasen, Cristo expuso un principio muy simple a sus oyentes que impactaría el resto de sus vidas y los mantendría en el buen camino. Él dijo: "Porque donde esté vuestro tesoro, allí estará también vuestro corazón" (Mateo 6:21). Tu corazón siempre sigue lo que atesoras, no al revés. Tu corazón sigue a tu dinero.

Las ramificaciones de eso se ven todos los días, ¿no es así? ¿Por qué algunas iglesias tienen una mentalidad tan orientada a las misiones en el extranjero? Porque envían gran parte de lo que ingresa al extranjero. Incluso alientan a su gente a realizar viajes misioneros de corto plazo a campos específicos para ver lo que están logrando sus fondos. ¿Por qué algunos padres se preocupan por los estándares o programas de una universidad? Porque han dado mucho para el crecimiento de la escuela o incluso han financiado los gastos educativos de uno de sus estudiantes, a menudo uno de sus propios familiares. Incluso después de que el estudiante se gradúa, a menudo continúan apoyando económicamente a la escuela, porque tienen un corazón para ello. ¿Por qué algunas personas se enorgullecen de una casa nueva o un auto nuevo? Una gran parte de sus ingresos anuales aseguraron ambas cosas y quieren proteger cuidadosamente lo que les costó mucho.

Entonces, ¿cómo puede el dinero mantenerte en el camino del evangelismo? Toma una parte significativa de tus ingresos y dásela a un ministerio que no hace nada más que alcanzar a los no creyentes. Cada mes recordarás que Cristo vino a buscar y salvar a los no creyentes. Ayuda a una familia no creyente que enfrenta una dificultad sobre la que no tenían control, pero que solo el dinero resolverá. Además de tener una parte de tu dinero, ellos tendrán una parte de tu corazón. Dale a un no creyente un regalo que de otra manera no podría disfrutar. Tu sacrificio no solo los conmoverá a ellos, sino también a ti.

Deja que el dinero te mantenga en el camino del evangelismo. Pon un poco de tu tesoro en los no creyentes y sé testigo del resultado: un corazón y una vida que se mantienen enfocados en los no creyentes.

#47

HAGA UNA LISTA DE LO QUE SATANÁS PODRÍA USAR PARA DESTRUIR SU TESTIMONIO.

Esté Alerta

La Biblia tiene una razón para llamar a Satanás el diablo. Es sutil, cruel, lujurioso, engañoso, orgulloso, divisivo, odioso, asesino y acusador. No se detendrá ante nada para lograr sus malvados propósitos. Incluso cuando parece estar del lado de la justicia, es un encubrimiento para sus malos caminos.

El apóstol Pablo sabía que debía estar alerta ante las artimañas de Satanás. Testificó: "para que Satanás no gane ventaja alguna sobre nosotros; pues no ignoramos sus maquinaciones" (2 Corintios 2:11). Pablo debe haber pasado tiempo pensando en cómo Satanás podría desviarlo y en consecuencia se preparó.

A Satanás le encantaría desviar a cualquiera del evangelismo. ¡Sea sabio! Deténgase y piense por un momento en lo que Satanás podría usar en su vida.

Para algunos es la inmoralidad. Satanás hace que uno descuide lo que dice la Biblia acerca de huir de la inmoralidad sexual (1 Corintios 6:18) y, por lo tanto, caiga víctima de sus tentaciones. No sucede de la noche a la mañana. Semana tras semana, Satanás hace que el creyente baje la guardia. Una relación sana puede convertirse fácilmente en una inmoral. Los sentimientos superan al sentido común. Un testigo que alguna vez fue eficaz para Cristo ahora tiene un testimonio contaminado.

Para otros, es la avaricia. En 1 Timoteo 6:10 se nos advierte: "porque raíz de todos los males es el amor al dinero, el cual codiciando algunos, se extraviaron de la fe, y fueron traspasados de muchos dolores". Satanás no podía soportar la forma en que una persona era bendecida materialmente, así que decidió tomar la bendición y convertirla en una maldición. En lugar de que el creyente tuviera mucho, todo lo que tenía comenzó a poseerlo a él. Las posesiones se volvieron más importantes que las personas. Su riqueza terrenal se volvió más importante que preparar a las personas para el más allá.

A veces Satanás usa lo que Pablo mencionó en una parte de 2 Corintios 2:10: la falta de perdón. Hemos experimentado el perdón divino; el problema es que no podemos perdonar a los demás. ¿Alguna vez intentaste evangelizar cuando tu corazón estaba tan lleno de amargura que preferirías ver a las personas castigadas en lugar de perdonadas?

Haz una lista de lo que Satanás podría usar o hacer en tu vida. Ahora, ¿qué puedes hacer para prepararte contra su ataque? ¿Tener un compañero de rendición de cuentas? ¿Cambiar una rutina o un hábito diario? ¿Negarte a reunirte con alguien en determinadas circunstancias? Hay una manera de prepararte contra su ataque. ¡Hazlo! Tú, no Satanás, conviértete en el vencedor.

#48

IMITA A CRISTO A TRAVÉS DE TUS CONTACTOS Y COMPASIÓN.

Los Nuevos Creyentes Tienen lo que Nosotros a Veces Perdemos

Los nuevos creyentes pueden enseñarnos mucho, incluida la importancia de conservar dos cosas que somos propensos a perder.

Una son los contactos. Su mundo está formado por personas que no conocen al Señor. Después de todo, ese es el mundo del que fueron salvos. Estadísticamente, después de haber sido convertidos durante unos dos años, hemos abandonado a la mayoría de nuestros amigos no creyentes. ¿Cómo mantenemos el contacto con los no creyentes?

La segunda es la compasión. Los nuevos creyentes a menudo están tan entusiasmados con su nueva relación con Cristo que quieren que todos sus amigos vengan a Cristo también, tanto que a veces la preocupación supera al tacto. De una manera que se considera bastante abrupta, confrontan a los que conocen con su necesidad de Cristo. Sin embargo, a menudo, y lamentablemente, perdemos esa compasión por los no creyentes. Aunque queremos que los no creyentes vengan a Cristo, a veces tenemos poca o ninguna urgencia en compartir el evangelio con ellos. A menudo me preguntan: "¿Qué haces si sientes que has perdido tu compasión por los no creyentes?"

La respuesta está contenida en dos palabras: imitar a Cristo. Pablo dijo en 1 Corintios 11:1: "Sed imitadores de mí, así como yo de Cristo". Un excelente lugar para descubrir lo que sucederá cuando imites a Cristo es Lucas 19:1-10, la conocida historia de Jesús y Zaqueo.

Jesús tuvo contacto con los no creyentes. Imagínese cuántas casas pasó ese día al entrar y pasar por Jericó para poder entrar en la casa de un pecador que lo necesitaba desesperadamente. Cuando vio a Zaqueo subido a un árbol, le dijo: "Zaqueo, date prisa, desciende, porque hoy es necesario que pose yo en tu casa" (v. 5). ¿Está usted dispuesto a rechazar el tiempo que pasa con los cristianos, si es necesario, para pasar en cambio tiempo con los no creyentes?

Pero ¿por qué hizo esta invitación? Porque tuvo compasión y se preocupó por la condición eterna de Zaqueo. Dijo específicamente: "Porque el Hijo del Hombre vino a buscar y a salvar lo que se había perdido" (v. 10). Imitar a Cristo significa que hay otras cosas que pueden preocuparte acerca de las personas perdidas, como la situación con su familia, sus finanzas o su salud. Pero lo que más debería preocuparte es que están perdidas y sin esperanza, destinadas a una eternidad sin Cristo.

Imita a Cristo y no perderás las dos cosas que a menudo caracterizan a los nuevos creyentes: el contacto y la compasión. De hecho, cuanto más te acerques a Él, más encontrarás que esas dos cosas aumenten, en lugar de disminuir.

#49

FUERA DE CRISTO, LOS NO CREYENTES NO TIENEN NADA.

No Envidies a Los No Creyentes

A veces Dios usa a personas necias para enseñarnos. Zofar, en el libro de Job, es un buen ejemplo. En Job 20, aconseja a Job sobre por qué había perdido a todos y todo. Zofar concluyó que Dios causó la difícil situación de Job como consecuencia de su "maldad" (v. 29). Estoy seguro de que, si hubieras estado en el lugar de Job, habrías sentido ganas de decir: "Con amigos como tú, ¿quién necesita enemigos?" Después de todo, Dios mismo aplaudió el carácter y la conducta justa de Job (Job 1:8).

Pero a partir de ese consejo equivocado, Zofar hace una observación interesante. Le dice de manera bastante directa y sarcástica (porque incluye a Job entre los malvados), pero al menos es la verdad. Él dice:

> *¿No sabes esto, que así fue siempre, Desde el tiempo que fue puesto el hombre sobre la tierra, Que la alegría de los malos es breve, Y el gozo del impío por un momento? Aunque subiere su altivez hasta el cielo, Y su cabeza tocare en las nubes, Como su estiércol, perecerá para siempre; Los que le hubieren visto dirán: ¿Qué hay de él? Como sueño volará, y no será hallado, Y se disipará como visión nocturna. El ojo que le veía, nunca más le verá, Ni su lugar le conocerá más. (Job 20:4–9)*

La palabra "desecho" puede traducirse como "estiércol". El tiempo que tienen los malvados es corto y perecen como el estiércol. Su vida y sus éxitos están aquí hoy, se han ido mañana. La forma en que esto debería afectarnos personalmente y debería afectar nuestra evangelización es poderosa. Al ver todo lo que los no creyentes han obtenido (a veces de manera engañosa), debemos darnos cuenta de que lo tienen por un corto período de tiempo. Sesenta y cinco, setenta, tal vez noventa o noventa y cinco años, y todo se acabó. Cualquier felicidad asociada a ello también es efímera.

Para el creyente, la fiesta solo comienza cuando lo vemos cara a cara. Nuestra felicidad aumenta a medida que esperamos la eternidad con Cristo. La felicidad de los no creyentes no solo disminuye, sino que termina. Cuando ves las cosas desde esa perspectiva bíblica, te compadeces de los no creyentes. También te motiva a compartir a Cristo con ellos. Como creyentes, lo tenemos todo. Como no creyentes, bíblicamente hablando, ellos no tienen nada.

Ten compasión de los no creyentes, no los envidies. A menos que lleguen a conocerlo, ellos y todo lo que tienen perecerán como estiércol.

#50

COMPARTIR LAS BUENAS NUEVAS, ES UNA DE LAS MEJORES MANERAS DE CUMPLIR CON LA OBLIGACIÓN DE AMAR.

La Mejor Manera de Decir "Te Amo"

Las Escrituras no alientan las deudas, sino que las desalientan porque te conviertes en esclavo de la persona a la que le pediste prestado (Proverbios 22:7). La Biblia incluso dice: "No debáis a nadie nada" (Romanos 13:8).

Pero hay un tipo de deuda que se alienta, aunque se podría llamar una obligación de amar. Pablo habla de esta deuda en Romanos 13.

Después de hablar de las obligaciones que tenemos hacia aquellos que tienen autoridad legal sobre nosotros, Pablo expresa una obligación que tenemos hacia todos los hombres. Romanos 13:8 nos dice: "No debáis a nadie nada, sino el amarse unos a otros, porque el que ama al prójimo ha cumplido la ley". La única obligación que debemos sentir hacia nuestro prójimo es la necesidad de amarlo. Al cumplir con ese requisito, cumplimos con todos los requisitos que la ley expresa en términos de las responsabilidades que tenemos ante todos y cada uno. El amor resume cómo debemos ser hacia los demás.

Llevemos esto un paso más allá. Si amamos sinceramente a nuestro prójimo, ¿hay una mejor manera de expresarlo que compartiendo el evangelio?

Piense en esto. Si los amamos lo suficiente como para decirles dónde pueden comprar la casa de sus sueños a un precio que puedan pagar, habremos afectado su felicidad en la tierra. Si les hablamos del único médico que ha tenido éxito en curar su enfermedad incurable, habremos afectado su salud y tal vez su longevidad. Si les hablamos de una persona que ha superado la misma discapacidad que sufre su hijo, habremos afectado a una familia. Si les hablamos de una empresa que busca su experiencia y la empresa los contrata, habremos afectado sus ingresos. Pero de ninguna manera, por importante que sea, habremos impactado su destino eterno.

¿Qué sucederá si los amamos lo suficiente como para decirles cómo pueden vivir para siempre con Dios? Compartiremos el evangelio. Si aceptan Su regalo gratuito, habremos influido en su hogar eterno. Han recibido algo que nunca pueden perder porque el dador de ese regalo, Dios, nunca lo retira. Cualquier cambio en sus vidas, eso es algo que nunca cambiará. A través de la forma en que Dios nos usó, acabamos de tener el mayor impacto en ellos que podríamos tener.

Así que, imagínese que tiene una gran obligación, una que es muy gratificante de cumplir: amar a los demás compartiéndoles las buenas nuevas de Jesucristo.

SOBRE EL AUTOR

El Dr. R. Larry Moyer, evangelista y fundador de EvanTell, es un orador frecuente en campañas evangelísticas, seminarios de capacitación, iglesias y aulas en todo el mundo. Obtuvo sus títulos en la Universidad de Cairn (BS), el Seminario Teológico de Dallas (ThM) y el Seminario Teológico Gordon-Conwell (DMin). En 2001, la Universidad de Cairn también le otorgó el Doctorado Honoris Causa en Sagrada Teología. Es autor de otros diecisiete libros y el principal colaborador de la Biblia de Estudio sobre Evangelismo.

21 cosas que Dios nunca dijo
31 días con el maestro pescador
Libre y claro
El evangelista improbable

QUIENES SOMOS
ACERCA DEL MINISTERIO

En 1973, Dios le dio una misión a un joven recién graduado del Seminario Teológico de Dallas llamado Larry Moyer de iniciar una asociación evangelista para proclamar el evangelio teniendo un compromiso con tres distintivos:

- Una presentación clara del evangelio.
- Un cuidadoso manejo de las Escrituras.
- Una doctrina centrada en la gracia.

Luchando con pasión por aquellos que no conocen a Jesús, obedeciendo al llamado de Dios, Larry creó un método sencillo para compartir el evangelio para que cualquiera lo pudiera aprender. El método de *"Malas Noticias/Buenas Noticias"* se ha convertido en el pilar para compartir el evangelio para miles de personas.

Equípate & Anímate en **EvanTellEspanol.org**

MÁS DE **EVANTELL**

Visite **evantell.org/store** para ver nuestra colección completa de libros y recursos

EVENTOS EN **VIVO**

DONDEQUIERA QUE VAYAS es una capacitación interactiva presencial o en línea. Equipamos a los creyentes para vencer el temor, manejar conversaciones y compartir a Jesús con claridad y confianza.

TÚ PUEDES COMPARTIRLO
¡Aprende cómo compartir el evangelio! La congregación de su iglesia quiere compartir su fe, pero muchas veces no saben por dónde empezar. ¡Tu Puedes Compartirlo! es un evento único de Domingo por la mañana que entusiasmará a su congregación con la idea de compartir su fe.

Busca horas de contenido que cubre los temas más actuales en **evantellespanol.org/virtual-events**

www.ingramcontent.com/pod-product-compliance
Lightning Source LLC
Chambersburg PA
CBHW052032030426
42337CB00027B/4975